WILD
GRILLEN

IMPRESSUM

HEEL Verlag GmbH
Gut Pottscheidt
53639 Königswinter
Tel.: 02223 9230-0
Fax: 02223 9230-13
E-Mail: info@heel-verlag.de
Internet: www.heel-verlag.de

© 2014 HEEL Verlag GmbH
8. Auflage 2024

Alle Rechte, auch die des Nachdrucks, der Wiedergabe in jeder Form und der Übersetzung in andere Sprachen, behält sich der Herausgeber vor. Es ist ohne schriftliche Genehmigung des Verlages nicht erlaubt, das Buch und Teile daraus auf fotomechanischem Weg zu vervielfältigen oder unter Verwendung elektronischer bzw. mechanischer Systeme zu speichern, systematisch auszuwerten oder zu verbreiten.

Projektleitung: Christine Birnbaum

Fotos: Michael Gunz

Satz und Gestaltung: Christine Mertens

Dieses Buch und die darin enthaltenen Rezepte wurden nach bestem Wissen und Gewissen verfasst. Weder der Verlag noch der Autor tragen die Verantwortung für ungewollte Reaktionen oder Beeinträchtigungen, die aus der Verarbeitung der Zutaten entstehen.

– Alle Rechte vorbehalten –
– Alle Angaben ohne Gewähr –

Printed in Latvia

ISBN 978-3-86852-932-6

Tom Heinzle · Fotos Michael Gunz

WILD
GRILLEN

HEEL

INHALT

Vorwort **9**

Fakten & Tipps. **12**

Die flüssigen Begleiter **16**

Kräuter & Co **18**

LÖFFEL- UND FINGERFOOD

Rehrücken mit Trüffel-Camembert **28**

Hirschrücken mit Wachtelei. **30**

Mini-Wildburger mit schwarzen Nüssen. . . . **32**

Rehrücken mit Sprossen **33**

Wilde Hackfleisch-Lollipops **36**

Hirsch-Zack-Zack **38**

Hirschsaté mit Walnusssauce **42**

Hackfleisch-Grundmasse **45**

Wildburger. **46**

Wilde Wurst **48**

DIE KLASSIKER

Sommerlicher Wildschweinhals **56**

Süßkartoffelrösti **56**

Pulled Pork - Grundrezept **62**

Rotkohl aus dem Dutch Oven **62**

Wald-und-Wiesen-Tortilla **64**

Wildes Rührei **66**

Suppe vom geräucherten
Kürbis mit Pulled Pork **68**

Pulled-Pork-Salat **70**

Wildschweinrücken im Gewürzmantel **74**

Chorizo-Wirsing **75**

Gefüllter Wildschweinrücken **76**

Trüffelkartoffeln mit Nussöl **78**

Wildschweinkoteletts mit Kräuterbutter . . . **80**

Wildschweinkeule
mit Kräutern und Nüssen **82**

Wildschweinribs **84**

Rehrücken mit
Polentabirne und Erdbeer-Feldsalat **90**

Birnen-Bohnen-Gemüse **94**

Rehkeule mit Kräutern **96**

Rehrücken auf dem Knochen gegrillt **100**

Kürbisgemüse **100**

Rehnüsschen mit Pilzen **102**

Reh mit Zitrone und Oliven **106**

Rosenkohl mit Speck **110**

Steak vom Hirschrücken **111**

Hasenvorderteil mit
Olivenholzrauch und Rosmarin **114**

Hasenrücken mit Roter Bete
und Belper Knolle **116**

Schneller Wildhasenrücken **120**

Bärlauchkartoffeln **120**

UND WAS ES SONST NOCH GIBT

Wildenten-Lollipops **126**

Oberkeule gerollt von der Wildente **127**

Wildentenbrüstchen
mit Ingwer-Honig-Glasur **130**

Rotkohl mit Chili aus dem Grillwok **132**

Gefüllte Wildente **134**

Ente auf der Dose **136**

INHALT

Ganzer Fasan **141**

Geräucherte Rote Bete
mit frittiertem Knoblauch **141**

Fasanenbrust mit Rumglasur **144**

Feigen-Granatapfel-Chutney **146**

Gefüllte Feigen **147**

Fasanenbrust mit Teriyaki und Sesam **148**

Fasanenbrust Roast'n Roll
gespickt mit Chorizo **150**

Toms geräuchertes Kartoffelpüree **152**

Gegrillte Wachtel **154**

3erlei Wachtel auf Gemüse **156**

Wachtel auf Zwiebelgemüse **161**

Maroni mit Chiliringen und Ahornsirup . . **164**

Rebhuhn mit Maronen und Thymian **165**

Forelle auf der Zitrone **168**

Forelle aus der Folie **170**

Hechtfilet geräuchert **172**

Salzzitronen und -orangen **174**

Hechtfilet mit Salzzitrone **175**

Hechtfilet mit Salzorange **175**

Karpfen mit Zirbenholz **176**

Gepiercter Bachsaibling **178**

Bachsaibling trifft Marokko **178**

Sommerlich-mediterraner Gamsrücken . . . **182**

Shiitake-Nuss-Gemüse **183**

BEILAGEN – ÜBERSICHT

Bärlauchkartoffeln **120**

Birnen-Bohnen-Gemüse **94**

Chorizo-Wirsing	75
Erdbeerfeldsalat	90
Feigen-Granatapfel-Chutney	146
Toms geräuchertes Kartoffelpüree	152
Kürbisgemüse	100
Maronen mit Chiliringen und Ahornsirup	164
Polentabirne	90
Süßkartoffelrösti	56
Rosenkohl mit Speck	110
Rote Bete	116
Geräucherte Rote Bete mit frittiertem Knoblauch	141
Rotkohl aus dem Dutch Oven	62
Rotkohl mit Chili aus dem Grillwok	132
Shiitake-Nuss-Gemüse	183
Trüffelkartoffeln in Nussöl	78
Zwiebelgemüse	161

DAS BESTE ZUM SCHLUSS

Toms Ingwerapfel	186
Scheiterhaufen mit Süßkartoffeln	188
Zwetschgenbuchteln aus dem Dutch Oven	190
Beschwipster Apfel	192
Gegrillter Kürbis	194
Strudelsack-Duett	196
Vanillepolenta mit Birnenwürfeln	198

EIN PAAR WORTE VORWEG

Wildfleisch gehört zu den gesündesten Fleischsorten überhaupt. Wild ernährt sich von Gras, Kräutern und Zweigen, bekommt keine Antibiotika und hat normalerweise keinen Stress beim Schlachten, weil es durch einen gezielten Schuss des Jägers in Sekundenschnelle stirbt.
Ich liebe Wild und möchte mit diesem Buch zeigen, dass dieses Fleisch mit außergewöhnlichen Gewürzkombinationen und eher unkonventionellen Beilagen in ein komplett neues, modernes Licht gerückt wird, immer mit dem Gedanken an Regionalität und Ursprung.
Wild spielt in meinen Kursen eine wichtige Rolle. Es gibt immer mehr Genießer, die ein raffiniert gewürztes und saftig gegrilltes Stück Wildfleisch sehr schätzen.
Mit der Zubereitung auf dem Grill oder als BBQ entstehen komplett neue Gerichte mit äußerst interessanten Geschmacksnuancen. Selbstverständlich finden auch sommerlich interpretierte Rezepte ihren Platz.

Viel Spaß beim Nachgrillen wünscht Ihnen

GESCHICHTE

Die Zubereitung von Wildfleisch auf dem offenen Feuer haben unsere Vorfahren über hunderte, ja tausende Jahre praktiziert. Um das tägliche Überleben zu sichern, wurde das erlegte Wild einst über den Flammen gegart. Im Mittelalter, als eigenes Vieh in bescheidener Menge gehalten wurde, war es dem einfachen Volk verboten zu jagen, denn dieses Privileg hatte einzig die Oberschicht. Vielfach waren die Menschen deshalb praktisch zur Wilderei gezwungen, um überleben zu können, was teilweise mit drakonischen Strafen geahndet wurde.

In der heutigen Zeit spielt das Wildbret in Mitteleuropa auf dem Speiseplan aufgrund der Massentierhaltung und des dadurch entstandenen Überflusses nur noch eine untergeordnete Rolle. Der Anteil von Wild an unserem Fleischverzehr macht nur einen winzigen Prozentsatz aus. Es ist höchste Zeit, an diesem Missverhältnis etwas zu ändern, denn Wildfleisch ist natürlich. Echtes Wild – nicht aus der Zucht – wächst ohne Wachstumshormone und Antibiotika auf, ernährt sich gesund und ist somit auch für den Konsumenten eine wertvolle, gesunde Bereicherung des Speiseplans.

Gerade auch unter dem Aspekt der Globalisierung und der Diskussion um Freihandelsabkommen ist es umso wichtiger, dass wir den Fokus wieder auf Wildbret legen, um eine Möglichkeit zu haben, der Massentierhaltung aus dem Weg gehen zu können. Ich bin der Meinung, dass wir selbst entscheiden sollten, ob und wie unser Fleisch behandelt wird und woher es kommt. In einer Zeit von Übergewicht, Bluthochdruck, Herzinfarkt und Co. steht der gesundheitliche Aspekt neben allen anderen natürlich an erster Stelle. Äußerst fettarm und mit Bedacht genossen, ist Wildfleisch ein idealer Begleiter in der gesunden Ernährung.

KEINE ANGST VORM WILD GRILLEN

Tipps, die Sie sich zu Herzen nehmen sollten

Wildfleisch ist für jeden Grillmeister eine große Herausforderung. Da das Wildfleisch kaum Fett besitzt, muss genau auf die Kerntemperatur geachtet werden, insbesondere beim Rücken und beim Filet. Deshalb arbeite ich am liebsten von Anfang an mit indirekter Hitze, denn so erreiche ich, dass das Edelstück komplett rosa wird und keinen trockenen Rand bekommt.

Aber gerade die Zubereitung auf einem Grill oder BBQ-Smoker macht den Reiz aus. Eignet sich doch speziell der BBQ-Smoker bestens dazu, sogenannte „schwierige" Teile von Reh, Hirsch und Co. bei niedriger Temperatur mit Einsatz von ausklügelten Gewürzmischungen und verschiedensten Hölzern zu barbecuen und einzigartige Gerichte zu schaffen. Auch die Kurzbratstücke auf Gas oder Holzkohlegrills zubereitet, vorab mit der einen oder anderen Gewürznote versehen, sollten den Weg auf unsere Speisekarten finden. Begeistern Sie Ihre Gäste und natürlich sich selbst mit nicht alltäglichen Speisen und vergessen Sie dabei nicht unsere heimischen Gemüsesorten als Beilagen und natürlich ein tolles Dessert zum Abschluss eines gesunden, einzigartigen Essens.

Jagd

Da die natürliche Regulierung in unseren Wäldern nicht mehr gegeben ist, übernehmen die Jäger diese Aufgabe. Der „berufene" Jäger erlegt das Tier voller Ehrfurcht mit einem gezielten fachmännischen Schuss, lässt das Tier dann in Ruhe sterben, kann seine Familie und Kunden mit bestem Wildbret ernähren und reguliert damit die natürliche Population. Nur auf diese Weise kann das Produkt Wildfleisch mit all seinen Vorteilen bewusst genossen werden.

> Mein guter Freund Rob, selbst Jäger mit allerhöchstem Respekt vor den Tieren, antwortete mir auf die Frage nach seinem Qualitätsgeheimnis:
> „Das Wichtigste neben der Verarbeitung des erlegten Tieres, ist der respektvolle Tod desselben, denn dies wirkt sich enorm auf die Fleischqualität aus."
> Rob hat meine Einstellung und Sicht auf die ursprüngliche Jagd geprägt und dafür bin ich ihm von Herzen dankbar.

Die erstklassige Qualität der Zutaten und natürlich auch der Geräte und Hilfsmittel sind beim Grillen und BBQ die Grundlage zum Erfolg. Es ist ein ungeschriebenes Gesetz, dass nur mit guter Qualität auch ein gutes Ergebnis erzielbar ist.

Aus Gründen der Nachhaltigkeit und des Respekts vor der Natur sollten wir uns darauf besinnen, Fleisch, Gemüse und Obst saisonal zu verbrauchen.

Kein Griller braucht deshalb Angst zu haben, dass ein Verzicht auf Importware zu irgendeinem Zeitpunkt im Jahr dazu führen wird, vor einem leeren Grill darben zu müssen. Jede Jahreszeit bringt Produkte hervor, die sich perfekt auf dem Grill zubereiten lassen.

Beim Grillen sollte man allerdings nicht nur auf die sorgfältige Auswahl der Lebensmittel achten, auch die erforderlichen Geräte und Hilfsmittel müssen mit Bedacht ausgewählt werden. Auch hier gilt: Nur mit guter Qualität kann gute Qualität erzeugt werden.

So kaufen wir Grillgeräte für Hunderte von Euro und auch die Verwendung von nachhaltig geschlagenem Hartholz und Grillbriketts aus Buche, die mit natürlicher Stärke gebunden sind, ist für die meisten eine Selbstverständlichkeit. Nur beim Anzünden unseres Brennstoffs machen wir den entscheidenden Fehler und verwenden irgendeinen billigen, mit Chemikalien getränkten Anzündwürfel, der die ganze Kette von Anfang an zerstört.

Ich benutze beispielsweise nur Hartholz aus der Region. Bei den Grillbriketts achte ich darauf, dass sie aus Buchenholz hergestellt sind und keine Braunkohle enthalten. Sie sollten mit natürlicher Stärke und nicht mit chemischen Hilfsmitteln gebunden sein. Dass ich keine Importkohle aus Tropenhölzern verwende, versteht sich von selbst. Wie jeder andere bevorzuge ich auch bestimmte Grillgeräte.

Außerdem grille ich in der Regel nur dann, wenn ich Zeit habe oder mir die Zeit nehmen kann, da das Grillen und BBQ auf mich eine entspannende Wirkung hat. Ich arbeite liebend gerne mit Holzkohle und Holz und schätze als Grillgeräte besonders den Monolith (Kamadogrill) (**1**) und natürlich den BBQ-Smoker (**1**).

Den Wok (**2**) benutze ich gerne für Beilagen. Ich stelle ihn einfach in die Glut der Smokerbrennkammer und kann auf diese Art bequem nebenher die Beilagen machen.

Auch den Dutch Oven (**3**) nehme ich für das eine oder andere Rezept sehr gerne, vor allem, wenn wir eine größere Runde sind und ich ein Ragout oder ein tolles Dessert machen kann.

Wenn es schnell gehen muss und meine Familie sich schon mit den Tellern in der Hand bedrohlich vor mir aufgestellt hat, greife ich gerne auf den Gasgrill zurück. Wichtig ist, dass der Gasgrill mehrere Brennstäbe hat, damit ich mühelos von direkter auf indirekte Hitze wechseln kann.

Ein paar nützliche Hinweise

Wir unterscheiden zwischen indirektem und direktem Grillen. Beim indirekten Grillen ist die Wärmequelle seitlich vom Grillgut, beim direkten Grillen ist die Wärmequelle darunter. Ich arbeite sehr gerne mit indirekter Hitze, um das Grillgut möglichst schonend zubereiten zu können. Es muss aber klar sein, dass diese Methode sehr zeitintensiv ist und den unerfahrenen Grillmeister in arge Bedrängnis bringen kann, wenn sich die Gäste bereits mit dezent knurrendem Magen und voll ungeduldiger Erwartung in der Warteschleife eingefunden haben.

Auch ich musste lernen, dass Planung beim Grillen ein wichtiger Baustein zum Erfolg ist. Es gibt für mich fast nichts Schlimmeres als hungrige Gäste, die mit den Tellern in der Hand beim Grill stehen, während das Grillgut noch weit davon entfernt ist, in verzehrfertigem Zustand zu sein. Besonders bei Familienfesten überbrücke ich solche Momente mit einfachem Fingerfood, das ich sehr gut herrichten und im Kühlschrank grillfertig aufbewahren kann. Einige Rezeptideen finden Sie in diesem Buch.

Kerntemperaturen für Wild

Fleischsorte	Temperatur
Wildschwein (Braten)	75–78 °C
Wildschweinfilet	60–62 °C
Wildschweinkeule	72–75 °C
Reh und Hirsch (Braten)	75–78 °C
Reh und Hirschkeule	65–72 °C
Reh und Hirschrücken, rosa	60–63 °C
Wildgeflügel, leicht rosa	65–70 °C
Feldhase (Rücken)	55–60 °C

Die Grilldauer bis zum Erreichen der in den Rezepten angegeben Kerntemperatur ist nur ein ungefährer Wert. Fleisch ist ein Naturprodukt und unterscheidet sich nach Alter, Rasse und Reifung.

Sicherheit geht vor

★ Den Grill immer auf festen Untergrund stellen.

★ Auf sicheren Abstand zu brennbaren Materialien achten.

★ Den Grill nie unbeaufsichtigt lassen, achten Sie besonders darauf, dass keine Kinder im Grillbereich spielen.

★ Niemals die Holzkohle mit Spiritus oder Benzin entzünden – Verpuffungsgefahr!

★ Keine flüssigen Brennstoffe in bereits glimmende Holzkohle nachgießen.

★ Sich entzündendes Fett nie mit Wasser löschen, sondern Fettbrände (brennender Grill) z. B. mit einer Löschdecke ersticken oder mit einem Pulverfeuerlöscher bekämpfen.

★ Bei Brandverletzungen diese sofort über einen längeren Zeitraum mit Wasser kühlen.

★ Grillkohle und Asche erst entsorgen, wenn sie völlig erkaltet sind.

★ Löschdecke und Feuerlöscher müssen immer griffbereit sein.

★ Festes, geschlossenes Schuhwerk tragen.

DIE FLÜSSIGEN BEGLEITER – EINE EMPFEHLUNG

Die richtige Auswahl der Getränke hat einen nicht unwesentlichen Einfluss auf Erfolg oder Misserfolg eines rundum gelungenen Grillmenüs. Über Wein und Wild ist schon in vielen anderen Wildbüchern geschrieben worden. Dass Bier und Grillen zusammengehört, ist uns allen klar und deshalb möchte ich hier speziell auf den Gerstensaft eingehen. Bei Braumeister Michael David habe ich zum Thema Bier wertvolle Unterstützung bekommen.

Der kleine Wegweiser durch die Bierlandschaft soll als kleine Hilfestellung dienen, damit das Nationalgetränk auch bei Wildgerichten richtig eingesetzt werden kann.

Zum Fingerfood und Aperitif empfiehlt der Fachmann ein gut gehopftes Pils (**6**) – und das nicht nur für männliche Feinschmecker. Die Inhaltsstoffe des Hopfens fördern den Appetit und regen auch die Verdauung an.

Belgisches Fruchtbier, wie z. B. Kirsch-Bier oder Framboise (Himbeer-Bier) (**7**) passt ebenfalls ausgezeichnet als Aperitif zu einem Wildgericht. Da diese Biere teilweise recht süß sind, kann man sie gut und gerne auch mit einem Schuss Prosecco spritzen!

Zum Hauptgericht passt ein naturtrübes, unfiltriertes Kellerbier (**3**). Diese Biere sind mild, vollmundig und harmonieren ausgezeichnet mit den leckeren Wildaromen. Porter (**5**) oder Stout (**4**) sind Bierstile, die ursprünglich aus England kommen. Sie sind sehr dunkel und kräftig, mit Toffee-Noten und ganz ausgeprägten Röstmalz-Aromen. Ganz bestimmt eine gute Wahl zu einem köstlichen Wildgericht!

Als Digestiv ist ein Trappistenbier (**1 + 2**) empfehlenswert. Derzeit – im Frühjahr 2014 – gibt es weltweit zehn Trappistenbrauereien, sechs in Belgien, zwei in den Niederlanden, eine in Österreich und eine in den USA. Diese Biere sind mit mehr Stammwürze eingebraut und haben einen komplexen Körper. Ein Weizen-Bock (**8**) eignet sich ebenfalls ausgezeichnet als Digestiv. Der höhere Alkoholgehalt fördert die Verdauung und die ausgeprägten Weizen-Aromen, kombiniert mit den feinen Frucht- und Sherry-Noten, sind eine wahre Freude am Gaumen.
Bei all diesen Bieren empfehlen sich kleinere Gläser (0,2–0,3 l) mit einem bauchigen Körper. Darin können sich die Aromen gut entfalten und optimal mit denen der Wildspeisen ergänzen. Auch ein klassisches Weißweinglas leistet hier sehr gute Dienste. Beim Pils geht natürlich auch eine Pilsstange!

Die ideale Trinktemperatur für diese Biere liegt bei 12–14 °C. Die Gläser sollten stets kurz mit frischem, kaltem Wasser gespült werden, damit sich die Schaumkrone richtig entfalten kann.

KRÄUTER & CO.

Zugegeben: Das Vorarlberger Rheintal, wo ich lebe, ist eine geographisch bevorzugte Lage. Das ländliche Gebiet lädt dazu ein, bei ausgedehnten Spaziergängen die verschiedensten Wildkräuter, Pilze und Beeren zu sammeln, die sich, wenn man sie nicht sofort verzehrt, hervorragend zum Trocknen eignen. Auch gibt es bei uns neben dem eigenen Kräutergarten unzählige Quellen, frische heimische und mediterrane Kräuter wie Dost (wilder Oregano), Rosmarin, Lavendel etc. zu bekommen. Diese Kräuter bereichern auch getrocknet das ganze Jahr über meine Grillgerichte.
Auch aromatisiere ich gerne gutes Olivenöl, das mir mein lieber Freund und Ölflüsterer aus Griechenland bringt. Auch heimischen Weinessig veredle ich durch Aromatisierung.

WILDER ESSIG

1 Flasche mit weitem Hals, ca. ½ l Inhalt
½ l heimischer Weinessig
5–6 Rosmarinzweige, gewaschen und getrocknet
10–12 dünne Scheiben frischer Ingwer

Die Zweige und die Ingwerscheiben in die Flasche geben und mit dem Essig auffüllen. Gut verschlossen an einem dunklen, kühlen Ort etwa 1 Monat ziehen lassen. Die Zweige und den Ingwer entfernen und den Essig sieben. Gerne verwende ich diesen Essig, um Gemüse im Wok abzulöschen oder einfach im Salat.

WILDES KRÄUTERÖL

1 Flasche mit weitem Hals, ca. ½ l Inhalt
½ l Olivenöl, kaltgepresst
1–2 Wacholderzweige, gewaschen und getrocknet
10–15 trockene Wacholderbeeren, angedrückt

Die Zweige und Beeren in die Flasche geben und mit dem Olivenöl auffüllen. Gut verschlossen an einem dunklen, kühlen Ort etwa 1 Monat ziehen lassen. Die Zweige und die Beeren entfernen und das Öl sieben (wegen der spitzen Wacholdernadeln). Nun können Sie das aromatisierte Öl als Haftgrund für das Gewürz auf dem Fleisch, als Salatöl oder einfach pur mit etwas warmem Brot zu einem guten Glas Wein genießen.

ROTES UNIVERSALGEWÜRZSALZ

Ich mische mir immer ein rotes Universalgewürzsalz auf Vorrat, das ich als Grundmischung für andere Gewürze verwende.

Die Mischung besteht aus folgenden Zutaten: Je ⅓ gutes Salz, Curry (nach Geschmack auch scharf) und Paprikapulver (kann auch geräuchert – also Pimentón – oder scharf sein) gut miteinander vermischen. Diese Würzmischung eignet sich für alle gegrillten Fleischgerichte.

WILDGEWÜRZ

Folgende Zutaten gründlich miteinander vermischen:

6 EL rotes Gewürzsalz (s. o.)
2 TL wilder Oregano, gemahlen
2 TL Rosmarin, gemahlen
1 TL Kardamom, gemahlen
½ TL Anis, gemahlen
1 TL Rosa Beeren zerstoßen
1 TL Wacholderbeeren, gemahlen
1 TL Lorbeerblätter, gemahlen
2 TL Garam Masala

WILDKRÄUTERSALZ

½ kg grobes, feuchtes Meersalz
1 EL wilder Oregano, fein gehackt
1 EL wilder Thymian, fein gehackt
1 EL Ackerminze, fein gehackt
1 EL Beifußblätter und -samen, fein gehackt
1 EL Wurzel vom Engelwurz, fein gehackt

Alle Zutaten miteinander vermischen und 2–3 Wochen in einem geschossenen Gefäß ziehen lassen. Danach fein mörsern und in kleine Gefäße abfüllen. Dieses Gewürzsalz eignet sich hervorragend zum Würzen von Wildfleisch, Wintergemüse, Dips und auch Saucen.

GEWÜRZ FÜR WILDGEFLÜGEL

6 EL rotes Gewürzsalz
1 EL Rosmarin, gemahlen
1 TL Knoblauchpulver
1 EL Bohnenkraut, gemahlen
Nach Geschmack mit
1 EL Garam Masala und 1 TL Ras el-Hanout anreichern

Sämtliche Zutaten miteinander vermischen.

FISCHGEWÜRZ

½ TL Salz
½ TL Bockshornklee-Samen, gemahlen
½ TL Kardamom, gemahlen
½ TL Chili, gemahlen
½ TL Orangenschale, gemahlen
½ TL Schwarzer Pfeffer, gemahlen
½ TL weißer Pfeffer, gemahlen

Sämtliche Zutaten miteinander vermischen.

Dost (Origanum vulgare) – wilder Oregano

TIPP ZUM SAMMELN

Man sollte an Südhängen, Bahndämmen, Waldrändern, auf Kalk und Kiesböden Ausschau halten.

Wilder Oregano wirkt entwässernd, krampflösend und appetitanregend und bringt den Stoffwechsel in Fahrt.
Ähnlich wie Küchenmajoran kann man ihn beispielsweise für Wildgerichte oder Wildkräutersalz verwenden, er ist aber herber und kräftiger im Geschmack.
Neben seinen gesundheitsfördernden Eigenschaften werden ihm auch magische Kräfte zugesprochen. Er wird bei allen Reinigungsriten verwendet und häufig in einer Räuchermischung oder im ganzen Strauß im Haus aufgehängt.

WILDE PREISELBEEREN

Wilde Preiselbeeren sind im Gegensatz zu herkömmlichen Preiselbeeren, die wir in meiner Heimat gerne zu Wiener Schnitzel genießen, im Supermarkt kaum erhältlich. Es lohnt sich jedoch, das eine oder andere Feinkostgeschäft aufzusuchen, um die wilden Preiselbeeren zu entdecken. Sie sind nicht so süß, wie die herkömmlichen, jedoch äußerst interessant im Geschmack. Auf jeden Fall sind sie in Kombination mit Schokolade, Chili und Ahornsirup, der die nötige Süße mitbringt, eine Bereicherung für jedes Wildgericht.

WILDPREISELBEERSAUCE MIT SCHOKOLADE

6 EL Wildpreiselbeermarmelade
1 EL Kakaopulver
2 EL Ahornsirup
1 TL Chiliflocken
½ TL Salz

Sämtliche Zutaten miteinander vermischen und 2–3 Stunden ziehen lassen. Passt perfekt zu Hirsch, Reh und Wildschwein.

PREISELBEEREN MIT PFEFFER

6 EL Preiselbeeren aus dem Glas (in jedem Supermarkt erhältlich)
1 TL indonesischer Langpfeffer, geschrotet
1 TL Fleur del Sel

Sämtliche Zutaten miteinander vermischen und 2–3 Stunden ziehen lassen.
Passt perfekt zu jedem Wildgericht.

KÜRBIS-APRIKOSEN-CHUTNEY

200 g Hokkaido, in 1 cm große Würfel geschnitten
2 Schalotten, fein gehackt
1 TL Salz
1 EL brauner Zucker
200 g Aprikosen, in 1 cm große Würfel geschnitten
1 TL scharfe Chili, fein gehackt
6 EL Apfelessig
2 EL Honig
schwarzer Pfeffer, frisch gemahlen
3 EL Walnussöl

Das Öl im Dutch Oven erhitzen. Die Schalotten glasig dünsten, den Kürbis und die Aprikosen dazugeben und kurz mitbraten. Mit dem Essig ablöschen, Chili, Zucker und Honig beimengen. Etwa 10 Minuten bei starker Hitze köcheln lassen. Mit Salz und Pfeffer abschmecken.

LÖFFEL- UND FINGERFOOD

⭐

Meine Devise lautet immer, mit geringem Aufwand bzw. wenigen Zutaten ein tolles Gericht zu machen. Neben dem Geschmack spielt, wie wir wissen, natürlich auch die Optik eine nicht unwesentliche Rolle beim Start in den gelungenen Grillabend. Darum nun einige richtig innovative, aber dennoch einfache Gerichte.

REHRÜCKEN MIT TRÜFFEL-CAMEMBERT

16 Scheiben Rehrücken, geputzt, ca. 1 ½ cm dick

16 Scheiben Trüffel-Camembert, alternativ Taleggio oder Edelschimmelkäse

1 TL schwarzer Pfeffer, grob gemahlen

Den Käse in etwa 5 mm dicke Scheiben schneiden, ungefähr im Durchmesser der Fleischstücke. Die Rehrückenstücke bei hoher, direkter Hitze (ca. 250–280 °C) etwa 1–1 ½ Minuten grillen.
Nun wenden und mit dem Käse belegen. Bei geschlossenem Deckel weitere 1–1 ½ Minuten grillen. Auf einem Esslöffel mit etwas schwarzem Pfeffer servieren.

HIRSCHRÜCKEN MIT WACHTELEI

16 Scheiben Hirschrücken, geputzt, ca. 1 ½ cm dick

16 Wachteleier

1 TL Salz

1 TL schwarzer Pfeffer, grob gemahlen

Aus den Wachteleiern auf einer heißen Grillplatte Spiegeleier braten. Etwas salzen und in einer geschlossenen Grillschale warm halten. Das Fleisch bei hoher, direkter Hitze (ca. 250–280 °C) etwa 1–1 ½ Minuten auf jeder Seite grillen. Mit Salz und Pfeffer würzen.
Auf einen Esslöffel legen, das Spiegelei darauf setzen und servieren.

MINI-WILDBURGER MIT SCHWARZEN NÜSSEN

200 g Hackfleischrohmasse
(siehe Seite 45)

2 schwarze Nüsse

Aus dem Hackfleisch 12 kleine Burger formen. Die Nüsse fein hacken. Die Burger bei direkter Hitze (200–250 °C) auf beiden Seiten je 4 Minuten grillen. Mit schwarzen Nüssen bestreut auf einem Löffel servieren.

REHRÜCKEN MIT SPROSSEN

16 Scheiben Rehrücken, geputzt, ca. 1 ½ cm dick

2 TL Salz

1 TL schwarzer Pfeffer, grob gemahlen

2 EL Sprossen (Kresse, Alfalfa, oder Rettich)

Die Rehrückenstücke salzen und bei hoher, direkter Hitze (ca. 250–280 °C) etwa 1–1 ½ Minuten grillen. Nun wenden und bei geschlossenem Deckel weitere 1–1 ½ Minuten grillen. Auf einem Esslöffel mit etwas schwarzem Pfeffer und den Sprossen servieren.

WILDE HACKFLEISCH-LOLLIPOPS

600 g Hackfleisch-Grundmasse (siehe Seite 45)

2 EL Wildpreiselbeersauce mit Schokolade (siehe Seite 24)

2 EL Sesamsaat, geröstet

2 EL Rotkohl, gebraten, dann mit Sherry abgelöscht

4 Scheiben geräucherter Speck

2 EL Teriyaki-Sauce

2 EL frische Kräuter (Thymian, Rosmarin, Petersilie, Schnittlauch), gehackt

2 EL Olivenöl

½ Rotkohlkopf

Aus dem Hackfleisch 16 ca. 3 cm dicke Kugeln formen, 4 der Kugeln mit Speck umwickeln. Nun alle Hackfleischkugeln bei direkter Hitze (ca. 250 °C) rundum etwa 10 Minuten grillen. Alle Kugeln auf die Holzpieße stecken und ganz ans Ende der Spieße schieben.

4 der Lollipops ohne Speck mit Teriyaki-Sauce bestreichen und anschließend in den Sesamkörner wälzen. 4 weitere Lollipops ohne Speck mit der Sauce bestreichen und mit Sherryrotkraut belegen. Die restlichen 4 Lollipops mit Olivenöl bestreichen und in den gehackten Kräutern wälzen. Nun alle miteinander in einen halben Rotkohlkopf stecken und servieren.

HIRSCH-ZACK-ZACK MIT SENF-BALSAMICO-SAUCE

- 16 Scheiben Hirschrücken, ca. 5 mm dick
- 3 EL Dijon Senf, grobkörnig
- 2 EL Schalotten, fein gehackt
- 1 EL Balsamicoessig
- 1 EL Ahornsirup
- ½ TL Salz
- ½ TL schwarzer Pfeffer

Den Senf, den Balsamico, die Schalotten, den Pfeffer und den Ahornsirup gut verrühren. Die Fleischscheiben auf einem Brettchen mit der flachen Seite des Kochmessers platt schlagen und mit Salz würzen. Auf einer heißen Gussplatte (ca. 250–300 °C) auf beiden Seiten maximal eine halbe Minute grillen. Mit der Senf-Balsamico-Sauce in einem Brötchen servieren.

Bei uns in Vorarlberg gibt es wie fast überall eine Art Imbissbudenkultur. Von den Einheimischen werden diese Imbisse liebevoll Hamburgerstände genannt. Neben Hamburgern und diversen anderen Speisen gibt es dort auch „Zack Zack". Diese etwas seltsam klingende Speise wird aus dünn geschnittenem, meist geklopftem Schweinerücken zubereitet. Das Fleisch wird beidseitig vorab gut gewürzt und dann ganz kurz, also „Zack zack", bei großer Hitze gegrillt. Serviert in einer knusprigen Semmel mit einer Sauce bestehend aus Senf, Ketchup und fein gehackten Zwiebeln ein tolles einfaches Gericht für den schnellen Hunger.

Das, was für uns beinahe ein Nationalgericht ist (wir Vorarlberger sehen uns so quasi als Nation), hat mich inspiriert, eine Nobelvariante vom Grill zu kreieren.

LÖFFEL- UND FINGERFOOD | **39**

HIRSCHSATÉ MIT WALNUSSSAUCE

Saté-Spieße, serviert mit Erdnusssauce, sind aus der asiatischen Küche nicht wegzudenken. Auch mit Hirsch lässt sich eine wunderbare „wilde" Variante zubereiten.

4 dünn geschnittene Schnitzel aus der Hirschnuss

4 EL Worcestersauce

2 TL Chilischoten, fein gehackt

2 TL Ingwer, fein gehackt

2 EL Honig

4 EL Walnüsse, gerieben

2 EL Ahornsirup

Salz

Pfeffer

zusätzlich:
20 mittellange Bambusspieße

Die Schnitzel in etwa 5–8 mm dünne Streifen schneiden und wellenartig auf die Spieße stecken. In einer flachen Schüssel die Worcestersauce, den Honig, den Ingwer und den Chili vermischen. Die Spieße darin etwa 1 Stunde unter mehrmaligem Wenden marinieren. Die Nüsse mit dem Ahornsirup pürieren, bis eine homogene Paste entsteht, und mit Salz und Pfeffer abschmecken.
Die Spieße bei direkter Hitze (ca. 250 °C) 2–3 Minuten pro Seite grillen. Auf einem Teller mit etwas Walnusssauce servieren.

GUTES AUS WILDHACKFLEISCH

Die Reste, die beim Zurechtschneiden des Wildfleisches übrig bleiben, landen bei mir, von den harten Sehnen befreit, im Fleischwolf. Angereichert mit grünem Speck – ich bevorzuge einen guten Lardo für den nötigen Fettanteil – dient mir das Hackfleisch als Grundlage für viele Speisen. Neben Burgern, Wildwurst oder auch im Sugo für Pastagerichte ist das wilde Hackfleisch eine Bereicherung für Grill und Küche. Wichtig ist natürlich, dass das Hackfleisch, genauso wie das Rinderhack, rasch verarbeitet oder z. B. die geformten Burger direkt in den Gefrierschrank wandern.

HACKFLEISCH-GRUNDMASSE

ca. 2 kg Fleischabschnitte
von Reh und Hirsch,
ohne Sehnen in max. 2–3 cm
große Stücke geschnitten

400 g Lardo, in 2 x 2 cm
große Würfel geschnitten

2 EL frische Majoranblätter

40 ml guter Gin

2–3 EL Salz

2 EL schwarzer Pfeffer,
gemahlen

Alle Zutaten gut miteinander vermischen. Die 5-mm-Scheibe in den Fleischwolf einsetzen. Nun alles durch den Fleischwolf drehen und anschließend noch einmal mischen. Sofort kalt stellen.

WILDBURGER

800 g Hackfleisch-Grundmasse

4 Scheiben Taleggio

¼ Kopf Rotkohl

3 EL Sherryessig

1 TL Knoblauch, fein gehackt

12 Scheiben Speck, ca. 2 mm dick

4 Ciabatta-Brötchen

4–8 EL Wildpreiselbeersauce mit Schokolade (siehe Seite 24)

2 EL Olivenöl

½ TL Salz

½ TL Pfeffer, gemahlen

1 Birne, entkernt und geviertelt

zusätzlich:

4 Holzspieße

Aus dem Hackfleisch 4 Burger formen, auf einer Seite eine etwa 5 mm tiefe Mulde eindrücken. Den Rotkohl in sehr feine Streifen schneiden. Das Olivenöl in einer Wokpfanne heiß werden lassen, den Knoblauch und die Rotkohlstreifen dazugeben. Unter ständigen Rühren etwa 3 Minuten braten. Mit dem Sherryessig ablöschen und abermals unter ständigem Rühren 5 Minuten braten, anschließend warm stellen. Die Birnenviertel mit 1 Scheibe Speck umwickeln und rundum bei direkter Hitze (250–300 °C) grillen, bis der Speck knusprig ist. Nun die Burger bei direkter Hitze (250–300 °C) grillen, bis der Fleischsaft an der Oberfläche austritt. Wenden und wieder grillen, bis sich der Fleischsaft zeigt. In Alufolie einschlagen und an einem warmen Ort etwa 3 Minuten ruhen lassen. Während der Ruhephase den restlichen Speck bei gleicher direkter Hitze auf beiden Seiten knusprig grillen. Jetzt den Burger auf den unteren Teil des aufgeschnittenen Brötchens setzen. Den Speck und den Rotkohl auf das Fleisch legen, 1–2 EL Sauce darauf verteilen. Die obere Brötchenhälfte aufsetzen und mit dem auf die Holzspieße gesteckten Birnenviertel fixieren.

WILDE WURST

800 g Hackfleisch-Grundmasse (siehe Seite 45)
1 ½–2 m Naturdarm

Das Hackfleisch in die Wurstfüllpresse füllen (alternativ kann auch ein Spritzbeutel verwendet werden). Den Naturdarm auf die Füllspitze aufschieben. Das vordere Darmende verknoten und die Fleischmasse vorsichtig in den Darm pressen, dabei immer darauf achten, dass sich keine Luftblasen bilden. Wenn der Darm auf einer Länge von ca. 20 cm gefüllt ist, einfach einige Male um die eigene Achse drehen, dann die nächste Wurst füllen. Diesen Vorgang so lange wiederholen, bis die Hackmasse aufgebraucht ist.

Nun kann die Wurst 4–5 Stunden bei 60–80 °C in den Räucherturm gehängt und anschließend bei direkter Hitze gegrillt werden. Oder Sie grillen die Wurst ganz einfach, ohne sie vorab zu räuchern.

WILDE WURST

LÖFFEL- UND FINGERFOOD

DIE KLASSIKER

★

WILDSCHWEIN

Das Wildschwein ist bei mir ein willkommener Besucher auf dem Grill. Mit seinem im Gegensatz zum Hausschwein dunklen, im Geschmack kräftigen Fleisch eignet es sich wunderbar zur Kombination mit den verschiedensten Gewürzen und Beilagen.

Den Wildschweinkopf, den Sie auf dem Bild sehen, habe ich unlängst in einem Lokal bei einem Freund in Vorarlberg entdeckt. Anfang Dezember war ich mit einigen Kollegen im besagten Restaurant bei einem gemütlichen Essen. Rechts von mir hing er einige Meter entfernt an der Wand: der mächtige Kopf eines ausgestopften Keilers, vom Tierpräparator perfekt in Szene gesetzt. Unheimlich, ja richtig dominant, im gedämpften Licht des Lokals. Als sich der Besitzer des Lokals, Jan Härle, nach dem Essen auf ein Glas Wein zu uns an den Tisch setzte, fragte ich ihn nach der Herkunft dieses mächtigen Exemplars. „Ach der. Der hat wirklich eine interessante Geschichte", so weckte er meine Neugier. Als das ursprüngliche Jugoslawien noch existierte, fand dort eine Jagd statt, bei der es auch einen Teilnehmer aus Lustenau gab. Neben allerlei Prominenz aus der Wirtschaft war auch das damalige Oberhaupt des Landes unter den Jägern. Den Jagdaufsehern war bekannt, dass ein etwa 200–250 Kilogramm schwerer, mächtiger Eber im Wald lebte. Genau dieses Tier wollten sie dem Chef des Landes in die Arme treiben, um ihm den Triumph des Abschusses zu gönnen. Leider waren weder der Keiler noch die restlichen Jagdteilnehmer in den Plan eingeweiht und das Tier lief just dem nichtsahnenden Mann aus Lustenau vor die Flinte. Der gute Mann erlegte das Tier, nichtsahnend, dass er damit eine kleine Staatskrise auslöste …

SOMMERLICHER WILDSCHWEINHALS

Wildschweinhals ist bestens geeignet, um die ersten Erfahrungen mit Wild vom Grill zu machen. Das für Wild ungewöhnlich stark mit Fett durchzogene Fleisch verzeiht den einen oder anderen Lapsus bei der Kerntemperatur. Versuchen Sie ruhig, auch den Hals in Scheiben zu schneiden und als Steaks zu grillen. Aber bitte in diesem Fall nicht medium oder medium rare, sondern well done, also (durch)grillen. Ich zeige Ihnen hier einen Wildschweinhals am Stück als Braten.

1 Wildschweinhals, ca. 1 ½ kg
2 EL Curry
1 EL Ingwer, gerieben
1 TL Salz
1 TL Knoblauch, gepresst
1 TL Lorbeerblätter, gemahlen
2 EL Olivenöl

zusätzlich:
ca. ½ m Küchengarn

Den Wildschweinhals mit dem Küchengarn sorgfältig zusammenbinden, damit er eine schöne, gleichmässige Form bekommt. Das Curry mit dem Olivenöl, dem Ingwer, dem Knoblauch und dem Lorbeerpulver vermischen. Den Schweinehals gut mit der Masse einmassieren. Nun bei indirekter Hitze (150 °C) etwa 1 ½ Stunden grillen, bis eine Kerntemperatur von 75–78 °C erreicht ist.

SÜSSKARTOFFELRÖSTI

2 Süßkartoffeln, geschält
2 Eier
½ TL Salz
½ TL Pfeffer

Die Süßkartoffeln grob raspeln und auf ein Tuch legen. Nun das Tuch eindrehen und die Flüssigkeit herausdrücken. Die Eier in eine Schüssel schlagen und gut verquirlen. Die gehobelten Kartoffeln mit dem Ei vermischen und 4–6 flache Fladen daraus formen. Auf einer heißen Gussplatte (ca. 200 °C) 3–4 Minuten pro Seite grillen.

PULLED PORK VOM WILDSCHEIN – GEZUPFTE WILDSAU

Pulled Pork ist der Klassiker schlechthin aus dem amerikanischen BBQ. Ich bin ein absoluter Fan davon und mache es gerne bei Familienfesten. Das Schöne an diesem Gericht ist, dass es ca. 20–24 Stunden bei maximal 90–100 °C Temperatur auf dem Grill oder im Smoker liegen muss. Denn nur mit viel Geduld und absolut entschleunigtem Grillen wird es ein Genuss. Klassisch bereitet man das PP auf einem Smoker, Monolith oder Watersmoker zu. Mit etwas Erfahrung und Geschick eignet sich aber auch ein Gasgrill. Obwohl die Variante Gasgrill eher etwas für die bequemen Griller unter uns ist ...

Auf dem Smoker arbeite ich zu Beginn mit Holz und später mit Briketts. Beim Watersmoker und Monolith mit Briketts und Räucherspänen. Es gibt einige Tipps und Tricks, wie die Temperatur im Grillgerät über viele Stunden gehalten werden kann. Beim Smoker lege ich bis auf einen kleinen Rand die Feuerbox mit kalten Briketts aus. Nur am äußersten Rand leere ich einige glühende Briketts hinein. Dann lasse ich den Zug nur einen kleinen Spalt offen, so kann die restliche Kohle über Stunden durchglühen. Beim Monolith und Watersmoker stelle ich mir einen kleinen Blumentopf als Platzhalter mittig in den Kohleraum. Rundherum fülle ich mit kalten Briketts auf und verteile auf ihnen Räucherspäne. Nun lasse ich einige Briketts im Anzündkamin durchglühen, entferne den Blumentopf und leere die glühenden Briketts in die Mulde. So kann ich auch hier über Stunden mit niedriger Temperatur arbeiten. Am einfachsten ist es mit dem Gasgrill: Grill einschalten, 90 °C einstellen, Räucherbox über der Hitzequelle positionieren und das Fleisch bei indirekter Hitze grillen. Wie gesagt, dies gilt für die bequemen Griller. Der einzige Aufwand, den man bei dieser Variante hat, ist das Auffüllen der Räucherbox.

Der dezente Rauchgeschmack ist für mich immer wichtig, speziell bei der alpenländischen Variante des BBQ-Klassikers. Deshalb würze ich das Fleisch schon am Vortag und wickle es in eine Frischhaltefolie, um es dann im Kühlschrank über Nacht ruhen zu lassen.

Dann gibt es 3 Phasen: Zuerst die Räucherphase, die etwa 4 Stunden dauert. Dann die BBQ-Phase von etwa 18–20 Stunden und die Ruhephase von etwa 1 Stunde.

PULLED PORK – GRUNDREZEPT

3 kg Wildscheinschulter ohne Knochen

1 EL Paprikapulver

1 EL Salz

1 EL Wacholderbeeren, fein geschrotet

1 TL Lorbeerblätter, fein zerstoßen

1 EL Piment, gemahlen

1 EL wilder Oregano, fein zerstoßen

3 EL brauner Zucker

5 EL guter Gin

½ l Gemüsebouillon

4 EL Preiselbeermarmelade, fein passiert

zusätzlich:

Alufolie

Die Gewürze und den Zucker gründlich vermischen. Die Bouillon mit der Marmelade vermengen. Das Fleisch mit dem Gin einreiben, danach kräftig würzen und die Würze gleichmässig einmassieren.
Das Fleisch über Nacht in Frischhaltefolie im Kühlschrank ziehen lassen, 3 Stunden vor dem Grillen herausnehmen. Den Grill wie eingangs beschrieben einheizen und das Fleisch bei indirekter Hitze 4 Stunden räuchern. Dann das Fleisch zusammen mit der Bouillon-Marmeladen-Mischung in Alufolie einpacken und bei 100–110 °C auf eine Kerntemperatur von 95 °C bringen. Das kann bis zu 20 Stunden dauern. Sobald die Kerntemperatur erreicht ist, das Fleisch zusammen mit drei mit heißem Wasser gefüllten 1-Liter-Flaschen in eine Kühlbox geben und 1 Stunde ruhen lassen. Nach dieser Ruhephase kann die Schulter nun mit Hilfe von 2 Gabeln in feine Fasern gezupft werden. Anschließend mit der übrig gebliebenen Sauce vermischen und mit Rotkohl aus dem Dutch Oven servieren.

TIPP:
Beim Pulled Pork darf es ruhig etwas mehr sein, denn es lässt sich gut aufwärmen und eignet sich wunderbar zur Weiterverarbeitung oder zum Einfrieren.

ROTKOHL AUS DEM DUTCH OVEN

1 Rotkohl, fein geschnitten

1 Zwiebel, fein geschnitten

1 TL Zimt

¾ l guter Rotwein

3 EL Öl

1 TL Salz

½ TL Pfeffer

3 EL brauner Zucker

3 EL frische Preiselbeeren

Den Dutch Oven auf 14–16 glühende Briketts stellen. Das Olivenöl in den Dutch Oven geben und die Zwiebel darin glasig dünsten. Den Rotkohl dazugeben und kurz mitbraten. Mit dem Rotwein ablöschen und den Zucker unterrühren. Den Dutch Oven mit dem Deckel verschließen und weitere 10 glühende Briketts darauf platzieren. Das Ganze etwa 1 ½ Stunden schmoren lassen. Den Deckel öffnen, den Zimt, das Salz und den Pfeffer unterrühren und ohne Deckel ca. 30 Minuten unter gelegentlichem Umrühren weiter köcheln. 10 Minuten vor Schluss die Preiselbeeren untermischen.

PULLED PORK
WEITER VERWERTEN

Die Überbleibsel eines gelungenen Pulled Porks sind absolut nicht das, was man gemeinhin unter Resten versteht. Dazu gibt es viel zu viele leckere Möglichkeiten zur Weiterverarbeitung ... Bei einem dieser spannenden Rezepte fungiert der vermeintliche Rest als Protagonist beim Frühstück am Morgen nach dem großen Familiengrillfest. Natürlich lässt sich das Pulled Pork auch portionsweise einfrieren. Aber wer die folgenden Zubereitungsvorschläge gelesen hat, nutzt seine Tiefkühltruhe wahrscheinlich für andere Produkte ...

WALD-UND-WIESEN-TORTILLA

Wer in Spanien schon einmal Tapas probiert hat, kennt sicher die Tortilla española. Ich mache für meine Familie und Freunde häufig Tapas und versuche dabei immer, eine Brücke zwischen unserer und der spanischen Küche zu schlagen. Daraus ist das folgende Rezept entstanden.

250 g Wildschwein-Pulled-Pork vom Vortag

8 Eier

1 Knoblauchzehe, fein gehackt

4 mittelgroße gekochte Kartoffeln, in kleine Würfel geschnitten

1 mittelgroße Zwiebel, fein gehackt

1 TL Pimentón, scharf

½ TL Salz

½ TL schwarzer Pfeffer aus der Mühle

6 EL Käse, gerieben, nicht zu kräftig (z. B. Bergkäse oder Cheddar)

4 EL Olivenöl

Die Eier in eine Schüssel schlagen und zusammen mit dem Salz, dem Pfeffer und dem Pimentón gut verquirlen. Den Duch Oven auf 16–18 glühende Kohlen stellen. Den Knoblauch, die Zwiebel und die Kartoffelwürfel im Olivenöl kurz anschwitzen. Anschließend das Pulled Pork untermischen. Die Eiermischung darüber gießen und das Ganze etwa 5–7 Minuten stocken lassen. Nun den Dutch Oven von den Kohlen nehmen. Den Käse auf der Eiermischung verteilen, mit dem Deckel verschließen und anschließend die Kohlen mit einer Grillzange auf dem Deckel verteilen. Mit Oberhitze ca. 12–15 Minuten fertig garen, bis der Käse geschmolzen ist.

WILDES RÜHREI

250 g Wildschwein-Pulled-Pork vom Vortag

6 frische Eier

½ TL Salz

1 ½ TL Oregano

1 mittelscharfe Chilischote, in feine Ringe geschnitten

1 Knoblauchzehe, fein gehackt

3 EL Olivenöl

½ TL schwarzer Pfeffer aus der Mühle

Die Eier in einer Schüssel verquirlen, Salz, Pfeffer, Oregano, das Pulled Pork und die Chiliringe gründlich untermischen. Den Dutch Oven auf 12 glühenden Kohlen platzieren. Das Olivenöl in den Dutch Oven geben, den Knoblauch darin hellbraun anschwitzen. Die Eiermischung dazugeben und unter ständigem Rühren mit einem Holzlöffel ca. 4–6 Minuten braten.

SUPPE VOM GERÄUCHERTEN KÜRBIS MIT PULLED PORK

Bei einem gemütlichen BBQ-Abend mit Familie und Freunden starte ich auch gerne mal mit einer Suppe, die ich in einer Kaffeetasse oder einem dickwandigen Glas serviere. Diese Suppe kann man nebenbei machen. Wenn ich die Wildschweinschulter fürs Pulled Pork räuchere, lege ich einfach einen in Spalten geschnittenen Hokkaido- oder Butternusskürbis 2 Stunden in den Smoker. Damit ist die Grundlage für meine Suppe eigentlich schon fertig.

150 g Wildschwein-Pulled-Pork vom Vortag

1 geräucherter Kürbis, in ca. 1 x 1 cm große Würfel geschnitten

1 kleine Zwiebel, fein gehackt

1 Knoblauchzehe, fein gehackt

1 EL Currypulver

1 TL Salz

½ TL Pfeffer aus der Mühle

½ TL wilder Oregano

ca. 2 l Gemüsebrühe

3 EL Walnusshälften

3 EL Olivenöl

Den Dutch Oven auf die Glut in die Feuerbox des Smokers, auf den heißen Gasgrill oder in die Glut des Kohlegrills stellen. Das Pulled Pork und die Nüsse unter ständigem Rühren in 1 EL Olivenöl anrösten. Das Ganze aus dem Topf nehmen und in einer Schale zur Seite stellen. Das restliche Olivenöl in den Dutch Oven leeren und die Kürbiswürfel, die Zwiebel und den Knoblauch zufügen. Rundum kurz anrösten, dann mit der Brühe ablöschen. Etwa 20 Minuten köcheln, dann mit dem Zauberstab pürieren. Zum Schluss Curry, Salz, Pfeffer und wilden Oregano unterrühren. Nun in einer Tasse oder im Glas mit dem Pulled Pork und den Nüssen als Einlage servieren. Eventuell eine geröstete Weißbrotscheibe und ein gutes Ale, Porter oder anderes Dunkelbier dazu servieren. Diese Suppe ist auch als Kaltschale ein Genuss.

PULLED-PORK-SALAT

300 g Chicorée

300 g Wildschwein-Pulled-Pork vom Vortag

3 EL Olivenöl

2 EL Balsamicoessig

1 EL Honig

1 Knoblauchzehe, gepresst

1 EL Weißweinessig

1 Prise Salz

schwarzer Pfeffer aus der Mühle

Für das Dressing das Öl, den Balsamico und den Honig verrühren und den gepressten Knoblauch hinzufügen. Mit Salz, Pfeffer und einem Spritzer Weißweinessig abschmecken. Den Salat gründlich waschen und in der Salatschleuder trocken schleudern. Mit dem Pulled Pork vermischen und das Dressing darüber geben. Mit einer Scheibe Brot servieren.

WILDSCHWEIN-RÜCKEN IM GEWÜRZMANTEL

1 Wildschweinrücken, ca. 1–1 ½ kg

1 EL Espressobohnen

1 TL Anis

1 TL Wacholderbeeren

1 TL schwarze Pfefferkörner

1 TL Rosa Beeren

½ TL Kümmel

2 EL Walnüsse, gerieben

1 EL Kakao, möglichst dunkel

1 Msp. Habanero-Chili, gemahlen

1 EL brauner Zucker

1 TL Salz

2 TL Wildgewürzmischung (siehe Seite 22)

2 EL Olivenöl

zusätzlich:

Alufolie

Die Espressobohnen, den Anis, die Pfefferkörner, die Rosa Beeren und den Kümmel im Dutch Oven rösten. Anschließend zusammen mit dem braunen Zucker im Mörser zerstoßen. Die Nüsse, das Chilipulver und das Salz untermischen.
Den Wildschweinrücken von der Silberhaut und dem Fett befreien und mit Olivenöl einreiben. Das Fleisch von allen Seiten gut mit dem Wildgewürz würzen und bei direkter Hitze rundum scharf anbraten. Anschließend bei indirekter Hitze (ca. 120–150 °C) und geschlossenem Deckel bis zu einer Kerntemperatur von 62–65 °C ziehen lassen. Die Gewürz-Nuss-Mischung auf der Alufolie ausbreiten und den Wildschweinrücken darin wälzen. Mit Chorizo-Wirsing servieren.

CHORIZO-WIRSING

Chorizo ist eine spanische grobkörnige Paprikawurst. In Spanien ist sie speziell als Tapa allgegenwärtig. Bei uns gibt es meist eine scharfe oder eine milde Variante.
Ich verwende lieber die milde Variante, damit der Geschmack des Wirsings nicht durch die Schärfe überdeckt wird.

1 Wirsing
1 Chorizo
1 Knoblauchzehe
½ TL Salz
Pfeffer aus der Mühle
100 ml Weißwein

Den Wirsing halbieren, dabei den Strunk entfernen und den Wirsing in feine Streifen schneiden. Die Chorizo enthäuten und in kleine Würfel schneiden, je kleiner desto besser. Den Knoblauch fein hacken. Die Chorizo im heißen Grillwok schwenken, bis das Fett austritt. Mit dem Wein ablöschen. Den Wirsing und den Knoblauch dazugeben und unter ständigem Rühren bissfest garen. Mit Salz und Pfeffer abschmecken.

GEFÜLLTER WILDSCHWEINRÜCKEN

1 kg Wildschweinrücken, geputzt

2 EL rotes Gewürzsalz
(siehe Seite 22)

1 TL Kümmel, gemahlen

1 TL Knoblauchgranulat

2 EL Kürbis-Aprikosen-Chutney
(siehe Seite 25)

Apfelsaft

zusätzlich:

Sprühflasche

Küchenschnur

Die Gewürze vermischen und den Schweinerücken von oben der Länge nach bis zur Mitte einschneiden. Das Kürbis-Aprikosen-Chutney in den Rücken füllen, diesen mit einer Küchenschnur zubinden und rundum gut würzen. Bei einer Temperatur von ca. 100–120 °C und indirekter Hitze ca. 2 Stunden grillen, bis eine Kerntemperatur von 62 °C erreicht ist. Während der Grillphase regelmäßig mit Apfelsaft besprühen.

TRÜFFEL-KARTOFFELN MIT NUSSÖL

16 Trüffelkartoffeln
2 TL grobes Meersalz
2 EL Walnussöl

zusätzlich:
4 Stücke Alufolie, Format DIN A4

Die Kartoffeln schälen und auf die Alufolie verteilen. Mit etwas Öl begießen und salzen. Nun aus der Folie Päckchen formen und die Kartoffelpäckchen bei indirekter Hitze von etwa 180 °C eine Stunde grillen. Die Kartoffeln in der Alufolie servieren, damit die Gäste am Tisch beim Öffnen das volle Aroma genießen können.

WILDSCHWEINKOTELETTS MIT KRÄUTERBUTTER

8 Wildschweinkoteletts, etwa 1 cm dick

1 Wildgewürz (siehe Seite 22)

100 g weiche Butter

je 1 TL Rosmarin, Schnittlauch, Thymian, fein gehackt

1 TL grobes Meersalz, besser Salzflocken, für den Crunch in der Butter

2 EL Olivenöl

Das Fleisch mit Olivenöl einreiben und auf beiden Seiten mit dem Wildgewürz bestreuen. Die fein gehackten Kräuter und das Salz unter die weiche Butter rühren. Die Koteletts auf dem Rost oder einer Gussplatte bei direkter Hitze (200–250 °C) auf einer Seite etwa 1 ½–2 Minuten grillen. Das Fleisch wenden, mit einem Löffel etwas Kräuterbutter darauf geben und nochmals 1 ½–2 Minuten grillen.

WILDSCHWEINKEULE MIT KRÄUTERN UND NÜSSEN

Eine wirklich bodenständige Art, eine Wildschweinkeule zuzubereiten, ist das folgende Rezept. Reduziert auf das Wesentliche, hätten auch Obelix und seine Gallier an dieser Keule ihre wahre Freude gehabt.

1 Wildscheinkeule, ca. 3 kg

3 EL Walnüsse, gerieben

2 Knoblauchzehen, fein gehackt

je 2 EL Thymian, Salbei, Rosmarin und Bohnenkraut, fein gehackt

1 EL Salz

1 TL schwarzer Pfeffer, gemahlen

6–8 EL Olivenöl

Die Keule von grobem Fett und Sehnen befreien. Die Nüsse, die Kräuter, das Salz und den Pfeffer mit dem Olivenöl zu einer homogenen Paste mischen und das Fleisch großzügig damit bestreichen. Nun auf dem Grill bei indirekter Hitze (120 °C) etwa 5–6 Stunden grillen, bis eine Kerntemperatur von 70–72 °C erreicht ist.

WILDSCHWEINRIBS

Für mich eine tolle Vorspeise. Man findet diese Ribs eher selten, aber wenn man die Möglichkeit hat, welche zu kaufen, dann sollte man unbedingt zuschlagen. Denn es ist wirklich ein tolles Gericht, das Ihre Geschmacksnerven fordern wird ...

4 Bauchrippen vom Wildschwein

4–6 EL Wildgewürz (siehe Seite 22)

1 ½ l Apfelsaft

1 EL Ingwer, gerieben

4 EL Sojasauce

4 EL Ahornsirup

2 TL Knoblauch, gehackt

4 EL Irish Whiskey

zusätzlich:

4 Blätter Alufolie, Format ca. DIN A3

Die Knochenhaut der Ribs abziehen. Den Apfelsaft in eine große, flache Schale gießen und die Ribs mit der Fleischseite nach unten etwa 2 Stunden darin ziehen lassen. Anschließend herausnehmen und die Fleischseite mit dem Wildgewürz bestreuen. Bei direkter Hitze auf der Fleischseite scharf angrillen, damit sich Röstaromen bilden. Nun mit der Knochenseite nach unten auf der Folie platzieren, 6–8 EL Apfelsaft dazugeben und dann die Folie zu einem Päckchen verschließen. Die Päckchen mit den Ribs bei indirekter Hitze von 120–140 °C etwa 2 ½ Stunden schmoren lassen.

Aus dem Ingwer, dem Ahornsirup, dem Knoblauch, der Sojasauce und dem Whiskey eine Marinade anrühren, mit etwas Apfelsaft verdünnen, sodass sie sich mit einem Pinsel streichen lässt. Die Päckchen öffnen, den Fleischsaft in die Marinade leeren und die Rippchen auf der Fleischseite dick mit der Marinade bestreichen. Die Hitze auf 200–250 °C erhöhen, bis die Ribs schön glasiert sind. Das dauert etwa 15–20 Minuten. Während dieser Zeit 1–2-mal nachpinseln.

REH

Das Reh ist im Grunde dasjenige Wildfleisch, das in unseren Breitengraden neben dem Hirsch in der Gastronomie am häufigsten serviert wird. Sein unheimlich zartes und weiches Rückenfleisch ist einfach ein Gaumenschmaus. Beim Grillen ist es eher verpönt, vor allem die Edelteile, weil der Fettgehalt gleich Null ist. Aber mit der richtigen Technik, etwas Geduld und Kreativität lassen sich auf dem Grill wirklich einmalige Gerichte zubereiten. Bei der Österreichischen Grillmeisterschaft 2011 war Rehrücken als Gang vorgeschrieben. Bei geschätzten 30 Grad im Schatten waren wir gefordert, das Wild auf sommerliche Art zu interpretieren und haben die Kategorie mit unserem Rehrücken mit Polentabirne und Erdbeer-Feldsalat gewonnen.

Bei einem ausgelösten Rehrücken am Stück vermeide ich es, zu lange direkt anzugrillen, weil mir der Kontrast zwischen der äußeren Kruste zum inneren, zarten Fleisch schlicht und einfach unpassend erscheint. So gehe ich eigentlich immer den umgekehrten Weg. Ich bringe das Fleisch auf dem Smoker oder dem Grill auf eine Kerntemperatur von etwa 48 °C. Dann kommt es bei direkter Hitze (so heiß wie möglich) auf einen anderen Grill oder in die Feuerbox des Smokers, um dem Fleisch ein Branding zu geben.

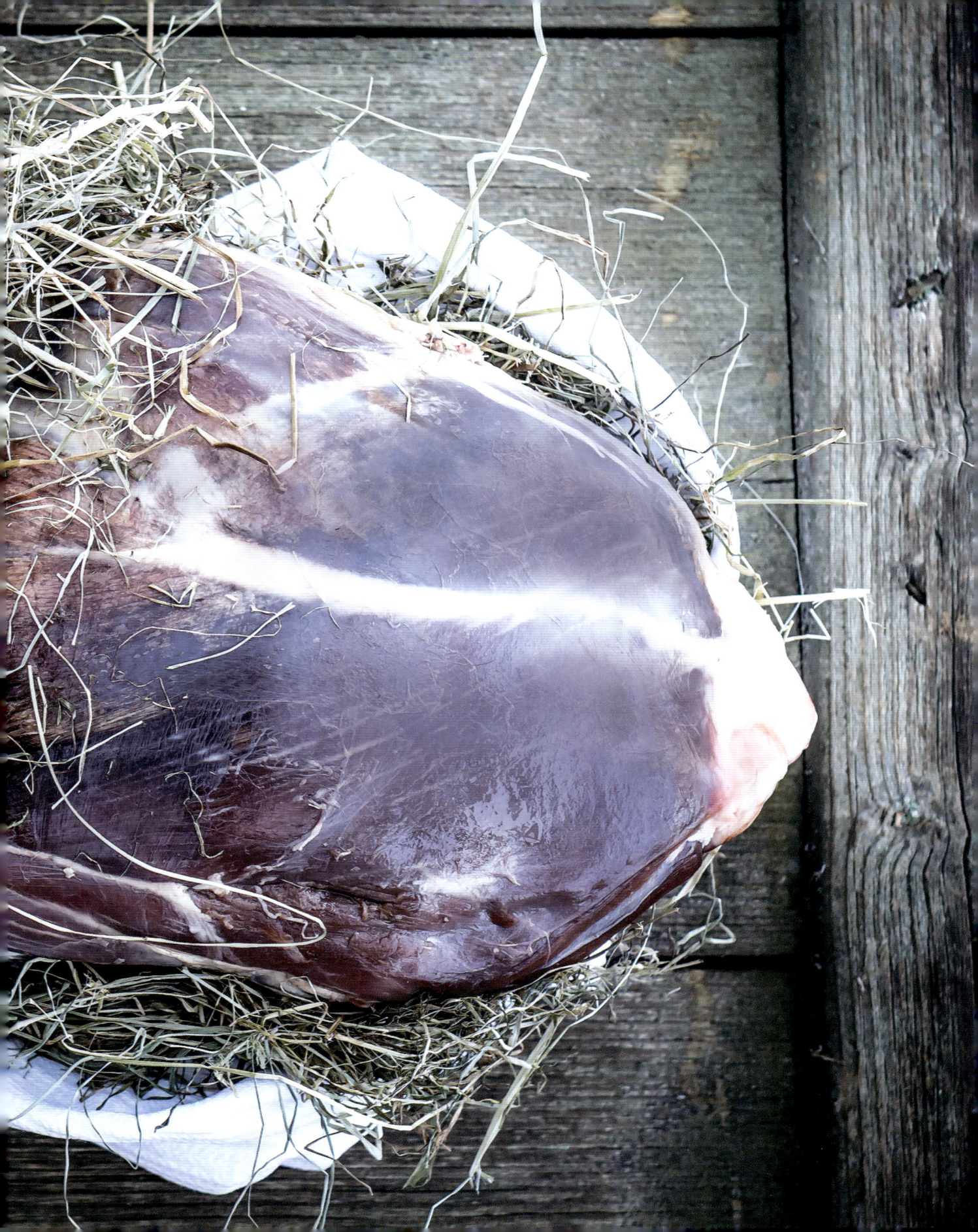

REHRÜCKEN MIT POLENTABIRNE UND ERDBEER-FELDSALAT

2 Rehrücken, ausgelöst und geputzt
2 TL Wildgewürz (siehe Seite 22)
½ TL Zitronenabrieb
2 EL Olivenöl

Für den Erdbeer-Feldsalat:
8 Erdbeeren, in Scheiben geschnitten
2 Hand voll Feldsalat, gewaschen
2 EL Kräuteröl (siehe Seite 21)
2 EL Kräuteressig

Für die Polentabirne:
4 Birnen
200 g Polenta
1 TL Salz
2 EL frische Thymianblätter

Den Rehrücken mit etwas Olivenöl einreiben. Das Wildgewürz mit dem Zitronenabrieb vermischen und das Fleisch rundum gut würzen. Den Rehrücken bei indirekter Hitze von max. 140–150 °C auf eine Kerntemperatur von 48 °C bringen.

Die Birnen längs teilen und mit dem Kugelstecher aushöhlen. Bei indirekter Hitze (200 °C) in Folie gepackt etwa 20 Minuten weichgaren und anschließend bei direkter Hitze die Schnittfläche branden, danach warmhalten. Die Polenta gemäß Packungsanweisung in einer Aluschale oder im Dutch Oven auf dem Grill zubereiten. Ganz zum Schluss die Thymianblättchen untermischen und die warmgehaltenen Birnen damit füllen.

Zwischenzeitlich den Erdbeeren bei direkter Hitze ein Branding geben. Sobald der Rehrücken die Kerntemperatur erreicht hat, bei direkter, maximaler Hitze rundum ganz kurz angrillen, sodass ein schönes Branding und Röstaromen entstehen. Die Erdbeeren, den Feldsalat, das Kräuteröl und den Kräuteressig vermischen, mit Salz und Pfeffer abschmecken und zusammen mit dem Rehrücken und der Polentabirne servieren.

BIRNEN-BOHNEN-GEMÜSE

4 Birnen
200 g dünne Bohnen
1 EL Bohnenkraut, fein gehackt
1 EL Butter
½ TL Salz
½ TL Butter
1 Schuss Weißwein

Die Birnen der Länge nach in 8 gleich große Teile schneiden und das Kerngehäuse entfernen. Die Enden der Bohnen abschneiden. Die Butter in einer Wokpfanne erhitzen, die Bohnen darin etwa 5 Minuten braten und mit einem Schuss Weißwein ablöschen. Die Birnen dazugeben und weitere 5 Minuten braten. Mit Bohnenkraut, Salz und Pfeffer abschmecken.

REHKEULE MIT KRÄUTERN

Reh bereite ich besonders gerne auf dem Grill oder Smoker zu. Das sehr zarte, edle Fleisch ist bei meinen Grillseminaren immer ein Höhepunkt. Auch bei Ihren Gästen wird ein gut zubereitetes Reh sicher ein Volltreffer. Beim Reh muss immer peinlichst genau auf die Kerntemperatur geachtet werden. Auch das langsame Grillen bei tieferen Temperaturen (ca. 120 °C) kommt dem äußerst fettarmen Fleisch sehr entgegen.

1 Rehkeule mit Knochen, ca. 1 ½ kg

6 EL Olivenöl

je 1 EL Rosmarin, Thymian, Salbei, Oregano und Bärlauch, fein gehackt

2 TL Salz

2 TL weißer Pfeffer, fein gemahlen

Die Rehkeule mit etwas Olivenöl einreiben, mit Salz und Pfeffer würzen, danach etwa 30 Minuten wirken lassen. Die gehackten Kräuter mit dem Olivenöl zu einer dickflüssigen Paste verrühren.
Den Grill auf 110–120 °C einstellen. Nun die Rehkeule bei indirekter Hitze etwa 2 ½ Stunden grillen. Die Keule jetzt mit der Hälfte der Kräutermasse bestreichen und eine weitere Stunde mit der gleichen Hitze weitergrillen, bis sie eine Kerntemperatur von etwa 75 °C hat.
Die Grillzeit kann je nach Alter und Herkunft des Tieres etwas variieren.

REHRÜCKEN AUF DEM KNOCHEN GEGRILLT

1 Rehrücken mit Knochen, ca. 2 ½–3 kg

3 EL Wildgewürz (siehe Seite 22)

2 TL Thymian

2 EL Curry

½ TL Salz

½ TL Pfeffer

Den Rehrücken putzen, also die Silberhaut entfernen, aber den Knochen nicht auslösen. Das Wildgewürz mit dem Thymian und dem Curry vermischen. Den Rehrücken mit Olivenöl einstreichen und gut würzen. Nun auf dem BBQ-Smoker oder einem anderem gängigen Grill mit Einsatz von Räucherspänen bei 100–120 °C etwa 2 Stunden bis zu einer Kerntemperatur von 52–55 °C grillen. Vor dem Servieren vorsichtig vom Knochen lösen und etwas salzen.

KÜRBISGEMÜSE

3–4 dicke Scheiben Kürbis (z. B. Hokkaido)

3 EL Olivenöl

1 TL Fleur de Sel

Den Kürbis in Würfel von ca. 1 ½ cm Kantenlänge schneiden. Einen Dutch Oven in die Glut oder auf den heißen Gasgrill stellen und das Olivenöl darin erhitzen. Die Kürbiswürfel zufügen und ca. 15–20 Minuten weich garen. Vor dem Servieren mit Fleur de Sel bestreuen.

REHNÜSSCHEN MIT PILZEN

2 Rehnüsschen à 400–500 g

5–6 Pilze, z. B. Kräuterseitlinge

1 EL frischer Rosmarin, fein gehackt

1 TL Fleur de Sel

1 TL indonesischer Langpfeffer, grob gemahlen

4 EL Olivenöl

1 TL wilder Oregano

Die Rehnüsschen bei direkter Hitze (ca. 200 °C) rundum scharf anbraten, um schöne Röstaromen zu schaffen. Anschließend das Fleisch bei indirekter Hitze von ca. 120 °C bis zu einer Kerntemperatur von 55 ° ziehen lassen. Das dauert etwa 40–50 Minuten. In der Zwischenzeit die Pilze in mundgerechte Stücke schneiden. In einem Wok mit dem Olivenöl bei direkter Hitze schwenken, bis sie al dente sind. Sobald die Rehnuss auf Temperatur ist, auch diese in mundgerechte Stücke schneiden und zu den Pilzen geben. Mit Salz, Pfeffer, Rosmarin und wildem Oregano würzen und mit einer Scheibe Bauernbrot servieren.

REH MIT ZITRONE UND OLIVEN AUS DEM DUTCH OVEN

600 g Rehschulter, gewürfelt

1 Karotte, in Stücke geschnitten

1 Stange Staudensellerie, grob zerkleinert

2 Knoblauchzehen, halbiert

1 Zwiebel, fein gehackt

4 EL grüne Oliven

1 Zweig Rosmarin

2 Lorbeerblätter

½ l guter Rotwein

½ l Fleischbrühe

6 EL Olivenöl

3 EL Tomatenmark

1 Dose passierte Tomaten

1 eingelegte Salzzitrone, gewürfelt (siehe Seite 17)

Salz

Pfeffer aus der Mühle

Den Dutch Oven auf 15 glühende Kohlebriketts stellen und das Olivenöl darin erhitzen. Die Zwiebel mit etwas Tomatenmark andünsten, das Fleisch, das Gemüse, die Oliven, die Kräuter, den Rotwein, die Brühe und die passierten Tomaten angießen und die Zitronen beimengen. Den Dutch Oven schließen und nochmals 10 glühende Briketts auf den Deckel geben. Danach das Fleisch etwa 2 Stunden weich schmoren. Mit Salz und Pfeffer abschmecken. Die Kräuter herausnehmen und servieren.

ROSENKOHL MIT SPECK

Auch wenn diese Beilage dem Griller eine ziemliche Fingerfertigkeit abverlangt, wird sie Sie überzeugen, nicht nur optisch ...

25 Stück Rosenkohl

2 Scheiben Räucherspeck, 5 mm dick

2 EL Olivenöl

1 Prise Salz

1 Prise Kümmel

schwarzer Pfeffer aus der Mühle

Vorsichtig die einzelnen Blätter des Rosenkohls ablösen, ohne sie zu beschädigen. Den Speck in möglichst kleine Würfel schneiden. Das Olivenöl im Grillwok erhitzen. Den Speck dazugeben und kurz anrösten. Die Blätter zugeben und unter ständigem Schwenken etwa 5–7 Minuten braten, bis sie weich, aber noch bissfest sind. Mit Kümmel, Salz und Pfeffer abschmecken.

STEAK VOM HIRSCHRÜCKEN

Ein Steak vom Hirschrücken ist ein wahres Festessen. Das im Geschmack kräftige Fleisch eignet sich bestens zum Kurzbraten. Ich bin der Meinung, dass gutes Fleisch wenig Gewürz benötigt. Genauso glaube ich, dass das ganze Prozedere mit 2 Minuten grillen pro Seite ziemlicher Unfug ist. Jedes Fleisch ist anders, sei es in der Lagerung, in der Dicke oder im Hinblick auf das Alter des Tieres. Speziell beim Kurzbraten von Wild muss auf das Verhalten des Fleisches auf dem Rost geachtet werden, damit man das optimale Ergebnis erzielt.

4 Stück Hirschrücken, geputzt, mindestens 3 cm dick

2 EL Olivenöl

indonesischer Langpfeffer, aus der Mühle

Fleur de Sel

Das Fleisch an den Schnittseiten mit etwas Olivenöl einreiben und bei direkter Hitze (so heiß wie möglich) auf den Rost legen. So lange liegen lassen, bis das Muskelwasser auf der Oberfläche austritt. Nun das Fleisch wenden und wieder warten, bis das Muskelwasser zum Vorschein kommt. Vom Rost nehmen, in Alufolie wickeln und an einem warmen Ort – eventuell am Rand des Grills – für 5–7 Minuten ruhen lassen. Mit etwas Olivenöl, Fleur de Sel und Pfeffer würzen.

WILDHASE

Wildhasen gibt es in unseren Breitengraden im Überfluss. Auf den Grill kommen sie dennoch eher selten, da das Fleisch relativ schnell trocken wird. So grille ich die meisten Teile vom Wildhasen nicht direkt, sondern arbeite am liebsten indirekt mit tieferen Temperaturen, um das Fleisch ganz langsam auf die richtige Kerntemperatur zu bringen.

HASENVORDERTEIL MIT OLIVENHOLZRAUCH UND ROSMARIN

Es gibt jede Menge Rezepte von Hasenkeulen, -rücken oder -ragouts. Die vorderen, kurzen Beine inklusive des Brustkorbes finden außer im Ragout eigentlich kaum Bedeutung in der Grillwelt. Die vordere Hälfte des Hasens kann ähnlich wie das aufgeklappte Teufelshühnchen zubereitet werden, allerdings nur das halbe Tier. Sehr gerne kombiniere ich Hase mit Olivenrauch. Olivenholz ist schwer zu bekommen. Am besten fragen Sie im Urlaub bei einem Olivenölbauern nach, ob er ein paar Holzstücke hat, die er abgeben kann. Ich beziehe das Holz von meinem Freund, dem Ölflüsterer, der mich auch mit bestem Olivenöl versorgt.

2 ganze Hasenvorderteile
3 EL Olivenöl
2 EL Rosmarin, gehackt
1 ½ TL Salz

zusätzlich:
Olivenholz oder Olivenholzspäne

Das Brustbein der Hasen vorsichtig der Länge nach aufschneiden und die Hasen flachdrücken. Aus dem Salz, dem Rosmarin und dem Olivenöl eine Paste mischen, die flachen Hasen großzügig damit bestreichen und etwa 1 Stunde wirken lassen. Den Grill auf indirekte Hitze (120–140 °C) einrichten. Die Keulen in der indirekten Zone platzieren und beim Kohlegrill das Olivenholz in die Glut geben, bei Gasgrills die mit Spänen gefüllte Räucherbox an den Brennstäben positionieren und bei geschlossenem Deckel etwa 30 Minuten räuchern. Danach ohne Raucheinsatz ca. 45 Minuten weitergrillen, bis die Keulen eine Kerntemperatur von 68–72 °C erreicht haben.

HASENRÜCKEN MIT ROTER BETE UND BELPER KNOLLE

Die Belper Knolle habe ich vor Jahren im Schweizer Fernsehen bei einer Gourmetsendung kennengelernt. Sie wird von der Käserei Glauser im Ort Belp in der Nähe von Bern in der Schweiz hergestellt. Die Belper Knolle ist ein Kuhmilchkäse, der im Pfeffermantel in den tiefen Kellern der Käserei reift. Ich besuchte den Betrieb in Belp vor einigen Jahren und durfte das Käsesortiment probieren. Neben der Produktion der Knolle veredelt der Betrieb noch diverse Käsesorten, die unter den Namen „blaues Belper Hirni" oder „Schafseckli" verkauft werden.

Die Knolle wird ähnlich wie Trüffel unter anderem zum Verfeinern von Rindertatar und hochwertigen Pastagerichten verwendet. Ich kombiniere sie liebend gerne mit Wild.

2 ganze Hasenrücken, geputzt, auf dem Knochen

Salz

Pfeffer

4 kleine Rote Beten, gekocht

2 EL Olivenöl

1 EL Orangenzesten

Belper Knolle

Den Hasenrücken mit etwas Olivenöl einreiben. Mit Salz und Pfeffer würzen, bei indirekter Hitze von etwa 120–140 °C bei geschlossenem Deckel etwa 1 ½ Stunden grillen. Die Rote Beten in etwa 3–5 mm dicke Scheiben schneiden und bei direkter Hitze angrillen, sodass sie etwas Temperatur bekommen. Den Hasenrücken auslösen und in etwa 2 cm lange Stücke schneiden. Die Rote-Bete-Scheiben dekorativ auf einem vorgewärmten Teller platzieren und dünn mit Olivenöl bestreichen. Den Rücken auf der Roten Bete verteilen und mit den Zesten und etwas Salz und Pfeffer würzen. Die Belper Knolle mit dem Trüffelhobel über das Fleisch und das Gemüse hobeln.

SCHNELLER WILDHASENRÜCKEN

400 g Wildhasenrücken, ausgelöst und geputzt

1 ½ TL Salz

1 TL Wacholderbeeren, fein gemörsert

½ TL Pfeffer

½ TL Kümmel, gemahlen

2–3 EL Olivenöl

Die Gewürze vermischen. Das Fleisch mit dem Olivenöl einmassieren und anschließend rundum würzen. Bei direkter Hitze von allen Seiten etwa 4–5 Minuten grillen. Zusammen mit Bärlauchkartoffeln servieren.

BÄRLAUCHKARTOFFELN

Jedes Jahr im Frühling zur Bärlauchzeit häufen sich die Meldungen über die Verwechslung dieses überaus gesunden, reinigenden Wildgemüses mit den Herbstzeitlosen und den Maiglöckchen, die fast gleich aussehen. Bitte pflücken Sie den Bärlauch nur, wenn Sie sich absolut sicher sind, dass es sich auch um diesen handelt. Ansonsten kaufen Sie ihn lieber …

½ kg kleine Kartoffeln, gekocht

10–12 Bärlauchblätter, in feine Streifen geschnitten

1 TL grobes Meersalz

1 Prise schwarzer Pfeffer

1 EL Olivenöl

Die Kartoffeln halbieren und die Schnittseite bei direkter Hitze (ca. 250 °C) grillen, bis sie ein schönes Branding haben. Die gegrillten Kartoffeln mit etwas Olivenöl und den Bärlauchstreifen in einer Schüssel vermischen. Mit Salz und Pfeffer würzen.

UND WAS ES SONST NOCH GIBT

---★---

WILDENTE

Ich kaufe in der Regel die Ente im Ganzen, löse das Brustfleisch aus und entferne die Keulen, die ich dann noch in Unter- und Oberkeule trenne. Die Haut und das Fett lasse ich aus und verwende es bei anderer Gelegenheit wieder zum Braten. Die Karkassen koche ich zusammen mit anderen Wildgeflügelkarkassen zu einem Fond, mit dem ich dann gerne wieder das eine oder andere Ragout ablösche und es damit bereichere. Da die Ober- und Unterkeulen der Wildente viel Fleisch hergeben, mache ich aus ihnen am liebsten ein Fingerfood, das mit einem schönen Glas Wein den Wildschmaus einläutet. Zugegeben: Es ist ein aufwendiges Fingerfood, das aber sehr lecker ist und perfekt vorbereitet werden kann.

WILDENTEN-LOLLIPOPS

10–12 Unterkeulen von der Wildente mit Haut

10–12 Scheiben Lardo oder Räucherspeck

1 EL Paprika, gemahlen

1 EL Salz

1 EL Curry

1 TL Orangenabrieb

2 EL Olivenöl

Die Gewürze gut miteinander vermischen. Beim dünnen Ende der Keule hinter dem Gelenksansatz die Haut rundum bis auf den Knochen einschneiden. Die Gelenkkappe mit dem Knorpel entfernen. Die Haut mit einem Messerrücken nach vorne zum Fleisch stoßen, sodass die Form eines Lollipops entsteht. Die Keule rundum mit Öl einreiben und würzen und in den Speck wickeln. Bei indirekter Hitze (180–200 °C) ca. 20 Minuten (je nach Größe) grillen.

OBERKEULE GEROLLT VON DER WILDENTE

10–12 Oberkeulen von der Wildente mit Haut

10–12 Apfelstreifen, ca. 5 mm breit und so lang wie die Oberkeulen

2 EL Ras el-Hanout

2 EL Olivenöl

zusätzlich:
Küchenschnur

Den Oberschenkelknochen aus der Oberkeule entfernen, mit Olivenöl einreiben und rundum gut würzen. Die Oberkeulen mit der Hautseite nach unten auf ein Küchenbrett legen. Nun den Apfel in das Fleisch einwickeln und das Ganze mit etwas Küchenschnur zusammenschnüren. Bei indirekter Hitze (180–200 °C) ca. 20 Minuten (je nach Größe) grillen.

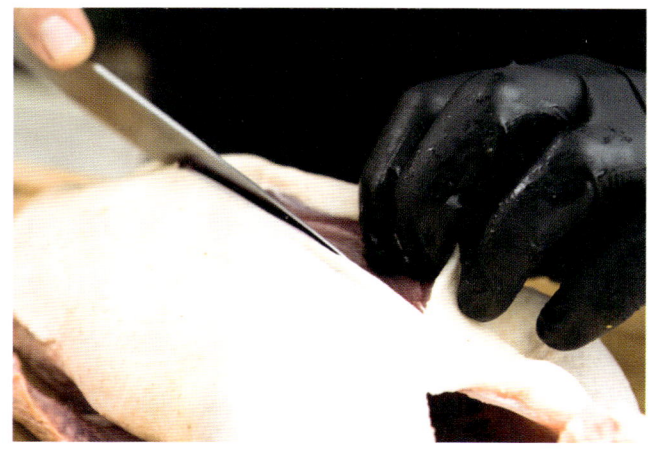
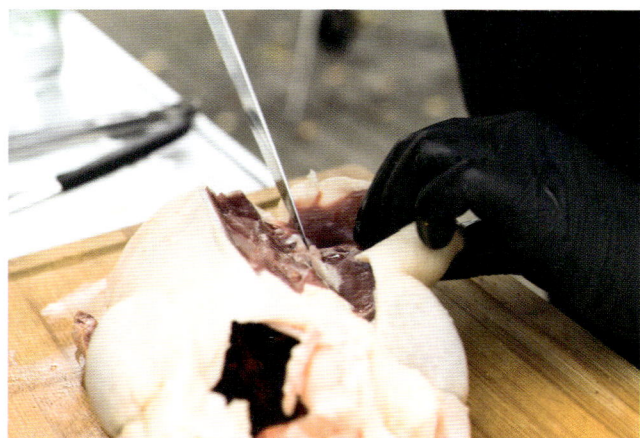

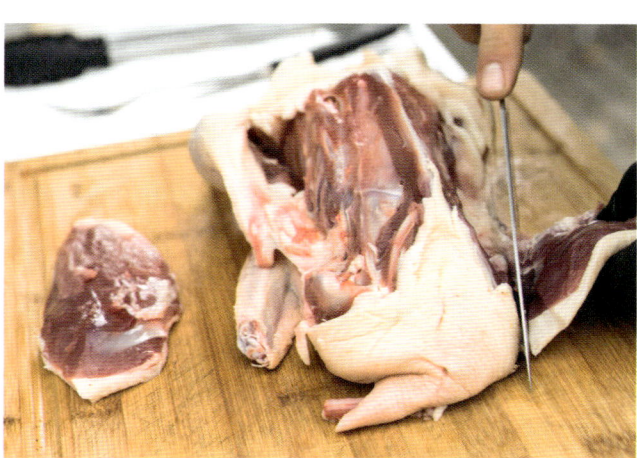

WILDENTENBRÜSTCHEN MIT INGWER-HONIG-GLASUR

---

1 Entenbrüstchen pro Person

1 ½ EL Paprikapulver edelsüß

1 EL Garam Masala

1 TL getrocknete Orangenschalen, fein gemörsert

1 ½ TL Salz

2 EL Sojasauce

1 TL Ingwer

2 EL Honig

1 TL Zimt

Aus Sojasauce, Ingwer, Honig und Zimt eine Marinade mischen. Aus dem Paprikapulver, Garam Masala und den Orangen eine Gewürzmischung mischen. Das Fett der Entenbrüste vorsichtig bis zum Fleisch einschneiden. Rundum mit der Gewürzmischung würzen. Mit der Fettseite auf den Grill legen und bei direkter Hitze ca. 200 °C (am besten in einer Grillschale) so lange grillen, bis sich die Fettschicht bis auf ein Minimum reduziert hat und knusprig ist. Umdrehen und ca. 6–8 Minuten fertig braten. Die Fettschicht laufend mit der Marinade bepinseln. Dazu schmeckt Rotkohl mit Chili aus dem Grillwok.

ROTKOHL MIT CHILI AUS DEM GRILLWOK

1 Rotkohl, in feine Streifen geschnitten

1 Zwiebel, fein gehackt

1 Chili, mittelscharf, in feine Ringe geschnitten

4 EL Balsamico

½ l Rotwein

3 EL Öl

½ TL Salz

¼ TL Pfeffer

Das Öl im Wok erhitzen, die Zwiebeln glasig anbraten. Die Rotkohlstreifen etwas durchkneten, damit sie weicher werden, und dazugeben. Kurz anbraten und mit Rotwein ablöschen. Unter ständigem Rühren bissfest kochen. Mit Chili, Balsamico, Salz und Pfeffer abschmecken.

GEFÜLLTE WILDENTE

1 Wildente, ca. 1 kg, küchenfertig
2 Orangen
2 EL Geflügelgewürz (siehe Seite 23)
½ TL Beifuß, gemahlen
1 TL Harissa
1 TL Salz
4–5 Zimtstangen

zusätzlich:
1 Bambus-Grillspieß

Für die Füllung die Orangen etwas Andrücken und den Saft über der Ente verteilen. Das Geflügelgewürz, den Beifuß und das Harissa miteinander vermischen. Die Ente außen mit der Gewürzmischung einreiben. Die Orangen und die Zimtstangen in den Bauch der Ente stopfen und diesen mit einem Grillspieß verschließen. Die Ente bei indirekter Hitze von ca. 200 °C und geschlossenem Deckel etwa 1 Stunde grillen.

ENTE AUF DER DOSE

Wie bei vielen Gerichten kommen mir immer wieder Ideen, wenn ich die Grillklassiker bei meinen Grillseminaren mache. Ein Hingucker mit absoluter Unterhaltungsgarantie bei den Kursteilnehmern und Gästen ist das Beer Butt Chicken – das Dosenhuhn. Sicherlich ein geniales Rezept, das man aber genauso auch bei einer Ente, wenn auch mit anderen Zutaten, anwenden kann. Quasi ein Wine-Butt-Duck.

1 Ente, ca. 1–1 ½ kg, küchenfertig
1 leere Bier- oder Limonadendose
¼ l Rotwein
2 Zimtstangen
4–5 Sternanis
2 EL Geflügelgewürz (siehe Seite 23)
1 TL Zitronenthymian, getrocknet und fein gemörsert

Die Ente mit dem Geflügelgewürz und dem Thymian einreiben. Den Wein mit den Zimtstangen und dem Sternanis in die Dose füllen. Die Ente mit dem Bauchraum über die Dose stülpen. Bei indirekter Hitze von ca. 200–230 °C etwa 1 ¼–1 ½ Stunden grillen.

WILDGEFLÜGEL | **137**

Der Fasan ist ein Wildgeflügel mit exzellentem Geschmack. Die Mischung aus Geflügel und Wildaromen ist eine Einladung, um mit verschiedenen Gewürzen zu spielen. Aber Obacht, der Fasan neigt noch mehr dazu, auf dem Grill trocken zu werden, als normales Geflügel. Ich lege ihn daher immer in eine Lake aus Wasser, Salz, Rum oder Gin und Kräutern ein. Dafür nehme ich Wasser, 1–2 angedrückte Knoblauchzehen, 1 EL Salz, 4 EL Rum oder Gin, einige Stängel Petersilie und genauso viel wilden Oregano. Den Fasan oder auch Teile des Fasans lasse ich davon bedeckt ca. 2–3 Stunden ziehen.

FASAN

GANZER FASAN

1 Fasan, in Gin-Lake gewässert (Zubereitung der Lake siehe Seite 138)

1 TL Salz

1 TL Kakaopulver

1 TL Currypulver, scharf

1 TL Anispulver

½ TL Knoblauchpulver

½ TL Chilipulver

½ TL Pfeffer, gemahlen

1 TL Kreuzkümmel, gemahlen

2 EL Olivenöl

zusätzlich:

ca. 15 cm Küchenschnur

1 große Grilltasse gefüllt mit Bio-Kräuterheu

Den Fasan von außen mit dem Olivenöl einreiben. Die Gewürze vermischen und den Fasan außen und innen gut würzen. Bei indirekter Hitze (180–200 °C) und geschlossenem Deckel ca. 55 Minuten im Heubeet grillen.
Ich mache dieses Rezept gerne auf dem Monolith. Durch die eingebaute Räucheröffnung kann ich das Tier mit Apfelholzchips zusätzlich räuchern und damit aromatisieren. Als Beilage dazu Rote Bete mit frittierten Knoblauchwürfeln.

GERÄUCHERTE ROTE BETE MIT FRITTIERTEM KNOBLAUCH

2 Rote Bete, gekocht

3 Knoblauchzehen, fein gehackt

6 EL Olivenöl

Die Rote Bete bei 80–100 °C unter Zugabe von Räucherspänen etwa 1–1 ½ Stunden räuchern. Das Olivenöl in einem Grillwok, einer Gusspfanne o. ä. erhitzen. Den Knoblauch dazugeben und so lange frittieren, bis er hellbraun ist. Die Rote Bete in dünne Scheiben schneiden und den Knoblauch samt Öl darauf verteilen.

FASANENBRUST MIT RUMGLASUR

4 Fasanenbrüste, in Rum-Lake gewässert (Zubereitung der Lake siehe Seite 138)

2 TL Salz

4 EL Rum

4 EL Ahornsirup

1 TL Piment, gemahlen

1 TL Thymian, gemahlen

zusätzlich:

2 Räucherbrettchen, etwa 4 Stunden gewässert

Die Fasanenbrüste rundum salzen. Aus dem restlichen Salz, dem Rum, dem Ahornsirup, dem Piment und dem Thymian eine Marinade mischen. Das Fleisch auf den Brettchen mit Marinade bestreichen, auf die indirekte Zone des Grills legen und ca. 30 Minuten bei 200 °C und geschlossenem Deckel grillen. Alle 5 Minuten mit der Marinade bestreichen. Das Fleisch sollte eine Kerntemperatur von 68–70 °C haben. Mit Feigen-Granatapfel-Chutney (siehe Seite 146) und gefüllten Feigen (siehe Seite 147) servieren.

FEIGEN-GRANATAPFEL-CHUTNEY

4 Feigen, das Fruchtfleisch
1 kleine Schalotte, fein gehackt
1 TL Tabasco
1 EL brauner Zucker
2 EL Granatapfelkerne
1 Prise Salz

Das Fruchtfleisch fein zerdrücken. Die Schalotte, den Tabasco und den Zucker unterrühren. Mit den Grantapfelkernen vermischen und mit etwas Salz abschmecken.

GEFÜLLTE FEIGEN

4 Feigen, frisch

10 EL weicher Schimmelkäse

2 TL Bohnenkraut, gemahlen

Den Käse mit dem Bohnenkraut gut vermischen und in einen Spritzbeutel füllen. Bei den Feigen den Deckel abschneiden und die Früchte aushöhlen. Das Fruchtfleisch zur Seite legen. Nun die Feigen mit der Käsemischung füllen und wieder mit dem Deckel verschließen. Auf dem Grill bei indirekter Hitze von 150 °C und geschlossenem Deckel garen lassen.

FASANENBRUST MIT TERIYAKI UND SESAM

4 Fasanenbrüste, in Rum-Lake gewässert (Zubereitung der Lake siehe Seite 138)

1 TL Salz

8 EL Teriyaki-Sauce

½ TL Ingwer, gemahlen

2 EL Sesam

zusätzlich:

2 Räucherbrettchen, etwa 4 Stunden gewässert

Die Fasanenbrüste rundum salzen. Die Teriyaki-Sauce mit dem Ingwer zu einer Marinade mischen. Das Fleisch auf den Brettchen mit Marinade bestrichen auf die indirekte Zone des Grills legen und ca. 30 Minuten bei 200 °C und geschlossenem Deckel grillen. Alle 5 Minuten mit der Marinade bestreichen. Nach dem letzten Bestreichen mit dem Sesam bestreuen. Das Fleisch sollte eine Kerntemperatur von 68–70 C° haben.

FASANENBRUST ROAST'N'ROLL GESPICKT MIT CHORIZO

Dieses Rezept verbindet Wild und mediterrane Aromen auf sehr elegante Weise. Da hier im Unterschied zu anderen Zubereitungsformen ohne Glasur gearbeitet wird, werden wir das Fasanenbrüstchen vorab etwas wässern.

Dazu nehme ich einen verschließbaren Zippbeutel, fülle etwa ¼ l Wasser hinein und löse darin 1 ½ TL Salz auf. Dann gebe ich die 4 Fasanbrüstchen ohne unteres Prinzessinnenfilet dazu und massiere das Wasser in das Fleisch ein, bis fast nichts mehr von der Flüssigkeit im Beutel ist.

4 gewässerte Fasanenbrüstchen, ohne Prinzessinnenfilets

1 TL Salz

1 TL Szechuanpfeffer, gemahlen

20 dünne Scheiben Chorizo

Auf der Oberseite mit einem scharfen Messer Taschen in die Filets schneiden, ohne sie zu durchtrennen. Die Gewürze vermischen und die Filets rundum gut würzen. Nun in die Taschen je eine Scheibe Chorizo stecken. Das Fleisch bei direkter Hitze (ca. 200 °C) 10–12 Minuten grillen. Dann bei indirekter Hitze (120–160 °C) zu einer Kerntemperatur von 68–70 °C durchziehen lassen. Das dauert maximal 30 Minuten.

Während eines Ferienaufenthaltes in Irland habe ich in einem kleinen, heimeligen Restaurant ein Lamm mit Kartoffelpüree gegessen, das mir nicht mehr aus dem Kopf gegangen ist. Nicht das Lamm, das vom Duft her eher noch lebendig als geschmort erschien (ist wahrscheinlich dort typisch so), nein das Püree hat mich unheimlich beeindruckt. Die Kartoffeln waren mit in Milch gekochten, fein geschnittenen Frühlingszwiebeln und ganzen Lorbeerblättern gestampft, die nach dem Kochen entfernt wurden – einfach köstlich. Daraus ist meine Variante vom Smoker entstanden, die aber auf jedem anderen Grill auch funktioniert.

TOMS GERÄUCHERTES KARTOFFELPÜREE

1 kg Kartoffeln, geschält und gekocht

½ TL Muskatnuss, gerieben

1 Bund Frühlingszwiebeln, in feine Ringe geschnitten

¾ l Milch

4 Lorbeerblätter, getrocknet

Salz

schwarzer Pfeffer aus der Mühle

Die gekochten Kartoffeln bei etwa 80 °C im Smoker oder im Kugelgrill 2 Stunden räuchern. Einen großen Dutch Oven in die Feuerbox des Smokers direkt in die Glut oder auf den Seitenkocher des Grills stellen. Die Milch mit den Zwiebeln und den Lorbeerblättern erhitzen und etwa 45 Minuten leise köcheln. Die Lorbeerblätter entfernen und die grob geschnittenen Kartoffeln beimengen. Mit dem Kartoffelstampfer zu einem groben Brei zerstoßen und mit Salz, Muskatnuss und Pfeffer abschmecken.

GEGRILLTE WACHTEL

An der Wachtel scheint auf den ersten Blick nichts Besonderes zu sein. Die geringe Größe und ein ebenso kleines Gewicht verleiten wahrhaftig nicht dazu, eine Wachtel zu grillen. Das äußerst schmackhafte, zarte Fleisch jedoch lässt sich auf dem Grill bestens zubereiten. Die folgenden Rezepte werden Sie überzeugen.

8 Wachteln, küchenfertig

6 EL glasierte Maronen, fein gehackt

1 Chilischote, fein gehackt

2 TL Majoran, getrocknet

2 TL Pimentón

2 TL Salz

2 TL Orangenschale, getrocknet

2 EL Olivenöl

zusätzlich:
8 Stücke Küchenschnur, à 10 cm

Die Gewürze in einem Mörser fein zerstoßen. Nun die kleinen Vögel mit dem Olivenöl einreiben und mit der Gewürzmischung würzen. Die Beine mit der Schnur zusammenbinden.
Den Grill auf 160–180 °C vorheizen und die gefüllten Wachteln indirekt ca. 35 Minuten grillen.
Als Beilage serviere ich gerne Maronen mit Chiliringen und Ahornsirup (siehe Seite 164).

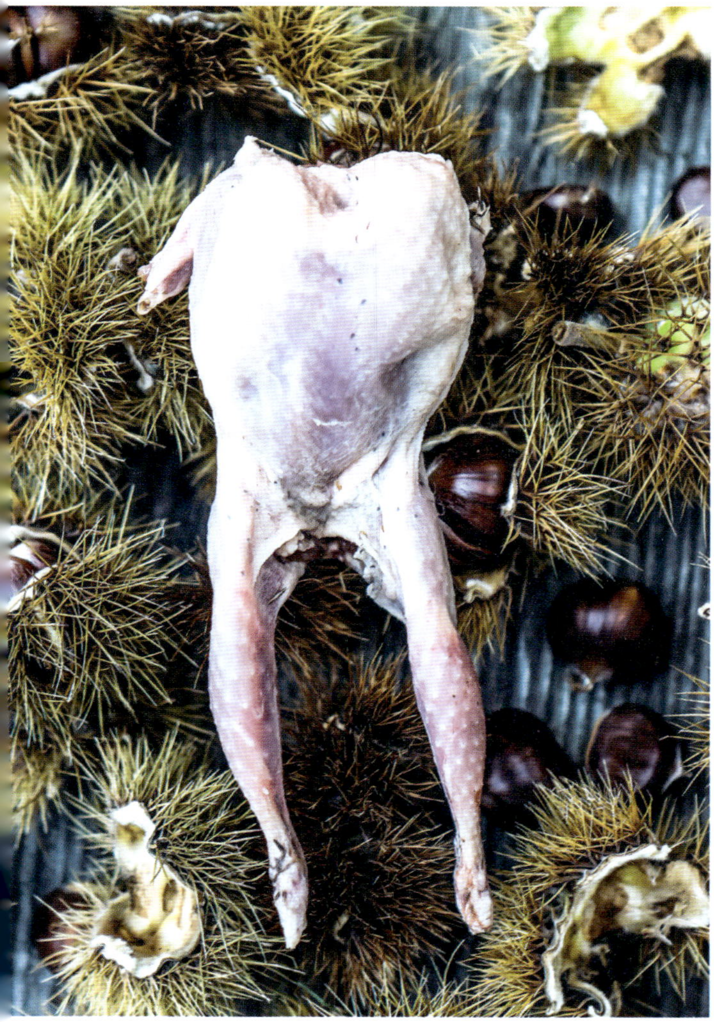
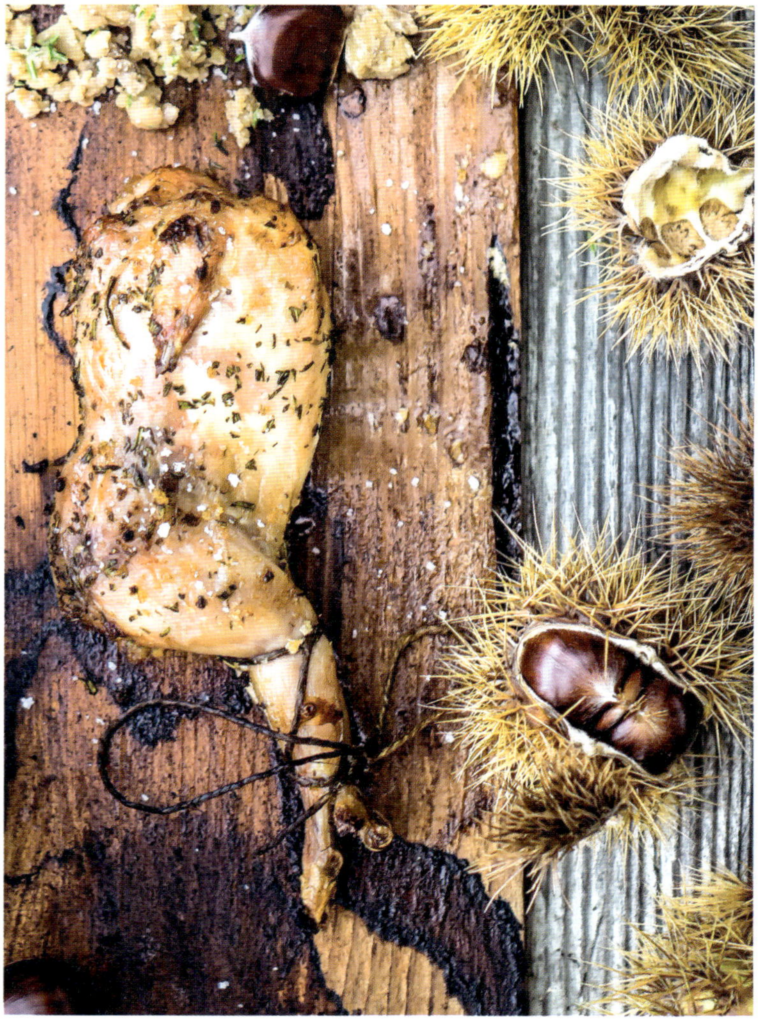
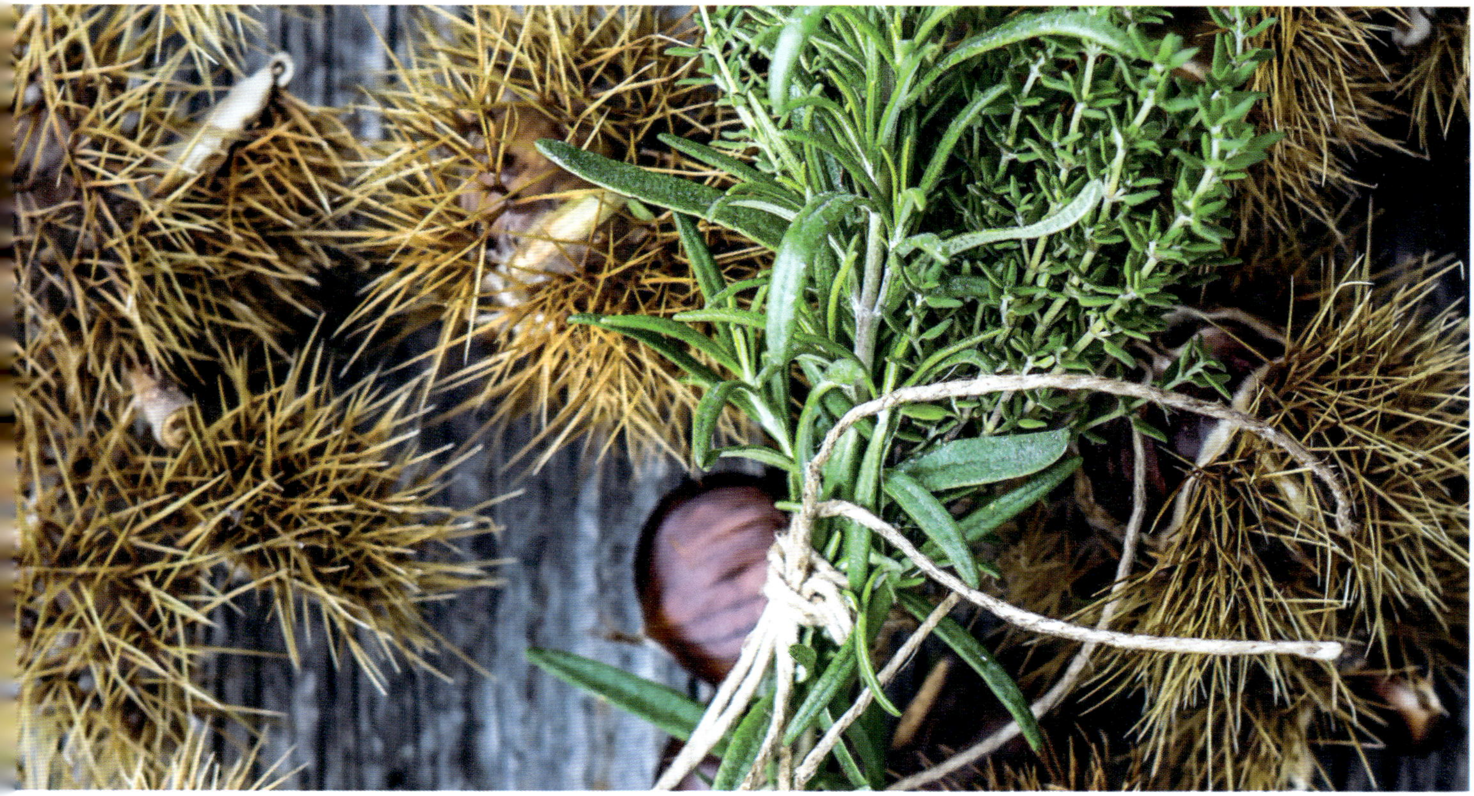

3ERLEI WACHTEL AUF GEMÜSE

Dieses Rezept ist an das legendäre Bierdosenhühnchen angelehnt. Da das Tier jedoch bedeutend kleiner ist und es keine Dosen gibt, die klein genug sind, verwende ich verschiedenes Gemüse als Halter für die Wachteln.

12 Wachteln, küchenfertig
2 Maiskolben
2 Pastinaken
2 Rote Bete

Gewürzmischung 1:
2 TL Zitronenthymian, fein gehackt
1 TL Zitronenpfeffer
2 TL Salz
2 TL Zucker
½ TL Chilipulver
2 EL Olivenöl

Gewürzmischung 2:
2 EL Geflügelgewürz (siehe Seite 23)
2 EL Wildgewürz (siehe Seite 22)

Gewürzmischung 3:
2 EL Harissa
2 EL Currypulver
1 EL Paprikapulver, edelsüß

Die Wachteln mit Olivenöl einreiben. Jeweils 4 Wachteln mit je einer Gewürzmischung würzen. Das Gemüse so herrichten, dass es in den Bauchraum der Wachtel passt und diese steht. Anschließend auf den auf 180–200 °C vorgeheizten Grill stellen und indirekt 40 Minuten grillen.

WILDGEFLÜGEL | 157

WACHTEL AUF ZWIEBELGEMÜSE

4 Wachteln, küchenfertig
2 TL Salz
2 EL Butter
Pfeffer
3 EL Whiskey oder Cognac
1 TL Thymian, fein gehackt
1 TL Rosmarin, fein gehackt

Die Wachteln entlang des Brustbeins durchschneiden und aufklappen. Mit etwas Whiskey oder Cognac einreiben. Mit Salz und der Hälfte der Kräuter würzen.
Auf der Fleischseite ca. 10 Minuten bei direkter Hitze grillen. Die Butter mit den restlichen Kräutern und dem Whiskey oder Cognac vermischen. Die Wachteln umdrehen und mit der Masse einpinseln. Nun bei indirekter Hitze (180 °C) bei geschlossenem Deckel 10 Minuten durchziehen lassen.
Mit Zwiebelgemüse servieren.

ZWIEBELGEMÜSE

je 2 weiße und rote Zwiebeln
6 Frühlingszwiebeln
4 Schalotten
2 Knoblauchzehen
1 Zweig Thymian
Olivenöl
½ TL Salz
½ TL Pfeffer, frisch gemahlen
1 Schuss Portwein

Die Zwiebeln in grobe Stücke schneiden, in einer Grilltasse mit etwas Olivenöl vermischen, mit Thymian, Salz und Pfeffer würzen und 1 Schuss Portwein dazugeben. Bei indirekter Hitze (ca. 200 °C) ca. 25–30 Minuten garen.

MARONEN MIT CHILIRINGEN UND AHORNSIRUP

ca. 20 Maronen, geschält und gekocht

1 Chilischote, in Ringe geschnitten

2 EL Ahornsirup

1 Prise Salz

Den Ahornsirup im Grillwok oder in einer Gusspfanne erhitzen und die Maronen etwa 10–15 Minuten darin schwenken. Kurz vor dem Servieren die Chiliringe untermischen. Nach Belieben salzen.

REBHUHN MIT MARONEN UND THYMIAN

1 Rebhuhn, küchenfertig

2 EL Geflügelgewürz (siehe Seite 23)

1 TL Ras el-Hanout

3 EL gekochte Maronen, fein gehackt

1 TL frischer Thymian, fein gehackt

2 EL Olivenöl

Apfelsaft

Ahornsirup

zusätzlich:

1 Sprühflache

1 Räucherbrettchen, mind. 3 Std. gewässert

20 cm Küchengarn

Das Huhn mit Olivenöl einreiben, das Geflügelgewürz mit dem Ras el-Hanout vermischen und das Huhn damit würzen. Die Maronen mit den Kräutern vermischen und das Rebhuhn damit füllen. Das Tier nun an den Beinen zusammenbinden, damit die Füllung im Inneren bleibt. Das Rebhuhn jetzt auf dem Räucherbrettchen bei indirekter Hitze von 160–180 °C etwa 60 Minuten grillen. Den Apfelsaft zusammen mit dem Ahornsirup in die Spühflasche geben und das Rebhuhn kontinuierlich mit dem Gemisch besprühen, damit es eine schöne Farbe bekommt und ordentlich knusprig wird.

Das Thema Fisch darf in einem Wildgrillbuch nicht fehlen. So sind im eher ländlichen Gebiet noch genügend Seen und Bachläufe vorhanden, in denen es von wilden Fischen nur so wimmelt. Ob Bachforelle, Bachsaibling, Karpfen oder Hecht, um nur einige der vielen verschiedenen Fischarten zu nennen, sie alle sind immer willkommene Besucher auf meinem Grillrost.

Die Forelle z. B. ist ein ganz einfacher, ja oft richtig unterschätzter Fisch, der sich aber bestens zum Grillen eignet. Ich selbst war früher kein wirklich großer Forellenfreund, bis ein Kursteilnehmer sich einmal eine Zubereitung genau dieses Fisches bei einem Seminar vorab wünschte. So fing ich an, mich mit der Forelle zu beschäftigen und habe sie wirklich zu schätzen gelernt.

FORELLE AUF DER ZITRONE

4 Forellen, ausgenommen und gewaschen
4 Zitronen
4 Zweige Thymian
4 Zweige Bohnenkraut
4 Zweige Petersilie
2 EL Selleriesalz
2 TL weißer Pfeffer, frisch gemahlen

Das untere und obere spitze Ende der Zitronen abschneiden. Die Forelle im Bauchraum leicht salzen und je einen Kräuterzweig in den Bauchraum geben. Nun den Fisch auf die Zitrone stellen und so auf dem Grillrost indirekt platzieren. Die abgeschnittenen Zitronenkappen unter das Kinn und das Schwanzende legen, damit der Fisch keinen Kontakt mit dem Grillrost hat. Bei indirekter Hitze von ca. 200 °C ca. 25 Minuten grillen. Der Fisch ist gar, wenn sich die Rückenflosse herausziehen lässt, ohne dass das Fleisch hängen bleibt. Die Forelle nun filetieren und nochmals mit Salz und Pfeffer nachwürzen.

FORELLE AUS DER FOLIE

Hier ein einfaches Rezept, das Sie gut vorbereiten können, aber doch den nötigen Aha-Effekt bei Ihren Gästen erzielt. Auch für Leute, die Fenchel eigentlich nicht mögen, ein Erlebnis

4 Forellen, ausgenommen und gewaschen

4 Tomaten

2 Fenchelknollen, frisch

4 Zweige Thymian

2 EL Fischgewürz (siehe Seite 23)

4 EL Olivenöl

2 TL Salz

zusätzlich:
4 Stücke Alufolie, Format DIN A3

Den Bauchraum der Forelle mit Thymian füllen und danach die Fische mit Fischgewürz würzen. Den Fenchel dünn schneiden und auf einer mit Olivenöl beträufelten Alufolie verteilen. Das Ganze mit den Tomaten garnieren und die Folie zu einem Päckchen verschliessen. Bei indirekter Hitze (ca. 200 °C) ca. 20 Minuten grillen. Das Päckchen direkt am Tisch öffnen und den Inhalt nach Belieben nachsalzen.

HECHTFILET GERÄUCHERT

- 4 Hechtfilets, möglichst grätenfrei
- 1 mittelgroße Chilischote, fein gehackt
- 1 TL Salz
- 1 TL Bockshornklee, gemahlen
- ½ TL weißer Pfeffer, gemahlen
- ½ TL Kardamom
- 1 EL Olivenöl

Den Smoker oder den Kugelgrill auf 100–120 °C vorheizen. Die Gewürze vermischen und das vorher mit Olivenöl bestrichene Filet auf der Fleischseite würzen. Den gehackten Chili auf dem Fisch verteilen. Auf den Smoker oder Kugelgrill (in den indirekten Bereich) legen und mit Hilfe von Buchen-Räucherchips bei ca. 120 °C etwa 25 Minuten räuchern. Zum Servieren mit etwas Olivenöl beträufeln und je nach Geschmack salzen.

Der Hecht. In unseren Gewässern beheimatet, rankt sich das eine oder andere Fischerlatein um den eher scheuen Jäger. Von den meisten Fischern als Trophäe begehrt, wird aus dem gefährlichen Jäger im See plötzlich der Gejagte. Dieses stolze Exemplar auf dem Bild, das die Jagd offensichtlich verloren hat, ist bei mir ein willkommener Gast. Zwar nicht als Trophäe, vielmehr als schmackhafte Mahlzeit, für die ich gleich 3 verschiedene Zubereitungsarten zeige.

SALZZITRONEN & -ORANGEN

Bei diesen beiden Rezepten sind neben den Hechtfilets in Salz eingelegte Zitronen bzw. Orangen die Hauptbestandteile. Diese eingelegten Zitrusfrüchte habe ich zum ersten Mal anlässlich der BBQ-WM im Marokko in einem Restaurant gegessen. Auf der Heimfahrt habe ich sie in einem Feinkostgeschäft in Südfrankreich entdeckt und zuhause gleich selbst hergestellt. Das Rezept ist ziemlich simpel. Ein großes Einweckglas (ca. 2 l) bei 120 °C im Backofen sterilisieren. Das Glas mit gewaschenen und trocken getupften Bio-Zitronen oder Orangen füllen. Etwa 1 ½ l Wasser mit 400 g grobem Meersalz erhitzen, bis es kocht und sich das Salz aufgelöst hat. Nun das kochende Wasser über die Früchte gießen, bis das Glas ganz voll ist. Das Glas gut verschließen und auf den Kopf stellen. An einem kühlen Ort ca. 3–4 Wochen durchziehen lassen – fertig. Die Zitronen gebe ich gerne in Ragouts oder verfeinere unter Zugabe von Olivenöl damit Fisch, Hühnchen oder Kalbfleischgerichte. Die Orangen passen perfekt zu Fisch.

HECHTFILET MIT SALZZITRONE

4 Hechtfilets, möglichst grätenfrei
4 EL Olivenöl
1 Prise Salz
1 TL Bohnenkraut gehackt
3 EL Salzzitronen, klein gewürfelt (Rezept links)

Die Haut des Filets bis zum Fleisch mehrmals schräg einschneiden, dadurch behält der Fisch beim Grillen etwas die Form. Eine Gussplatte auf dem Grill auf etwa 200 °C erhitzen. Den Fisch auf der Fleischseite leicht salzen. Nun den Fisch mit der Hautseite auf der Gussplatte etwa 5–7 Minuten grillen. Den Grill abschalten oder die Platte in den indirekten Bereich ziehen. Den Fisch auf der heißen Gussplatte durchziehen lassen, bis er nicht mehr glasig ist. Die Salzzitrone mit dem Olivenöl und der Petersilie vermischen und vor dem Servieren auf dem Filet verteilen.

HECHTFILET MIT SALZORANGE

4 Hechtfilets, möglichst grätenfrei
4 EL Olivenöl
½ TL Salz
3 EL Salzorangen, klein gewürfelt (Rezept links)
1 TL Bockshornkleesamen, gemahlen

Die Haut des Filets bis zum Fleisch mehrmals schräg einschneiden, dadurch behält der Fisch beim Grillen etwas die Form. Eine Gussplatte auf dem Grill auf etwa 200 °C erhitzen. Den Fisch auf der Fleischseite mit etwas Salz und Bockshornkleesamen würzen. Nun den Fisch mit der Hautseite auf der Gussplatte etwa. 5–7 Minuten grillen. Den Grill abschalten oder die Platte in den indirekten Bereich ziehen. Den Fisch auf der heißen Gussplatte durchziehen lassen, bis er nicht mehr glasig ist. Die Salzorange mit dem Olivenöl vermischen und vor dem Servieren auf dem Filet verteilen.

Zugegeben – der Karpfen gehört nicht unbedingt zu meinen Lieblingsfischen. Er ist, genauso wie der Wels, bei uns in den Rheinauen, dem alten, beruhigten Teil des Rheins, heimisch. Den lieben langen Tag mit der Schnauze am Grund des Gewässers im Schlick nach Nahrung suchend, ist er wahrlich kein Geschmacksvirtuose auf dem Grill, wenn er nicht vorab behandelt wird. Ich zeige Ihnen eine eher ungewöhnliche Variante, geräuchert mit Zirbenholz.

KARPFEN MIT ZIRBENHOLZ

1 Karpfen, ca. 2 kg
2 EL grobes Meersalz
2 EL Olivenöl

zusätzlich:
1 Schüssel (ca. 3 l Volumen) mit Zirbenholzspänen
1 Aluschale oder eine flache Pfanne

Den Fisch sauber waschen und anschließend trocken tupfen. Mit dem Olivenöl einreiben, innen und außen salzen. Nun Wasser in die Schale oder Pfanne geben, aber nicht vollständig füllen und 2 Handvoll Späne hineingeben und warten, bis sie sich etwas mit Wasser vollgesogen haben. Auch die restlichen Späne, die zum Räuchern verwendet werden, in einer separaten Schüssel wässern.

Den Fisch nun mit gespreiztem Bauchraum in die Schale oder Pfanne auf die gewässerten Späne setzen. Das Ganze im Smoker oder Kugelgrill bei indirekter Hitze (90–110 °C) etwa 2 ½–3 Stunden grillen. Regelmäßig gewässerte Zirbenholzspäne in die Glut werfen, damit der Fisch einen schönen Rauchgeschmack annimmt. Der Clou bei dem Rezept sind die nassen Zirbenholzspäne, auf denen der Karpfen steht. Sie geben, wenn sie warm werden, einen wirklich einmaligen Geschmack in das Innere des Fisches ab.

GEPIERCTER BACHSAIBLING

2 Filets vom Bachsaibling

2 Vanilleschoten

2 TL Salz

Das Mark aus der Schote kratzen und die leere Schote teilen. Das Salz mit dem Vanillemark vermischen. Die Haut des Saiblings mit einem Messer so einstechen, dass die geteilte Schote durchgesteckt werden kann. Die Fleischseite mit dem Vanillesalz würzen.
Das Filet auf der Hautseite auf einer heißen Grillplatte bei direkter Hitze (ca. 250 °C) etwa 3 Minuten grillen, bis die Haut knusprig und der Fisch nicht mehr glasig ist. Das dauert etwa 6–8 Minuten.

BACHSAIBLING TRIFFT MAROKKO

2 Filets vom Bachsaibling

6–8 dünne Scheiben Salzzitrone (siehe Seite 174)

Die Fleischseite des Fisches mit den Zitronen belegen. Das Filet auf der Hautseite auf einer heißen Grillplatte bei direkter Hitze (ca. 250 °C) etwa 3 Minuten grillen, bis die Haut knusprig ist. Dann den Grill abschalten oder die Platte samt Fisch in die indirekte Zone ziehen und bei geschlossenem Deckel mit der Restwärme etwa 6 Minuten – je nach Größe des Filets – durchziehen lassen.

DIE GAMS

Das Fleisch der Gams gibt es normalerweise nur in wenigen, ausgesuchten Metzgereien. Wenn man jedoch einen Jäger kennt, der Gamsfleisch verkauft, sollte es unbedingt den Weg auf den Grill finden. Ich bevorzuge Fleisch von eher jüngeren Tieren, weil dieses fast mit Kitz oder auch mit Lamm zu vergleichen ist. Darum benutze ich zum Würzen auch ähnliche Kräuter wie bei der Zubereitung dieser Fleischsorten, nämlich Rosmarin, Lavendel und auch Knoblauch. Von älteren Tieren rate ich ab, da sie einen sehr ausgeprägten Eigengeschmack haben und deshalb längere Zeit eingelegt werden müssen, was wiederum nicht meiner Überzeugung entspricht. In der Regel bekomme ich beim Jäger entweder Keule oder Schulter, die ich wie das Pulled Pork (Seite 58), eben als Pulled Gams, quasi als Ausdruck alpenländisch-amerikanischer Freundschaft mit Einsatz von Rosmarin, Salz, Olivenöl und Knoblauch zubereite. Gelegentlich bekomme ich aber auch einen Gamsrücken, den ich dann sehr gerne mediterran zubereite.

SOMMERLICH-MEDITERRANER GAMSRÜCKEN

2 ausgelöste Gamsrücken, geputzt
3 Zweige Lavendel
4 Zweige Rosmarin
2 EL Olivenöl
6 EL guter Balsamico
½ TL Salz
½ TL schwarzer Pfeffer, gemahlen
2 Knoblauchzehen, in dünne Scheiben geschnitten

zusätzlich:
1 Plastiktüte mit Zippverschluss

Das Öl und den Balsamico in die Tüte geben. Das Salz darin auflösen und die Knoblauchscheiben, den Lavendel und den Rosmarin dazugeben und alles gut vermischen. Nun das Fleisch hineingeben und bei geschlossener Tüte in der Mischung einige Minuten kneten. Danach ca. 2 Stunden an einem kühlen Ort einwirken lassen.

Das Fleisch aus der Tüte nehmen und von den groben Kräutern säubern. Anschließend bei indirekter Hitze (120–140 °C) etwa 1 ½ Stunden grillen, bis das Fleisch eine Kerntemperatur von 58 °C erreicht hat. Zusammen mit dem Shiitake-Nuss-Gemüse (siehe Seite 183) servieren.

SHIITAKE-NUSS-GEMÜSE

Diese Beilage hat mein Grill- und BBQ-Kollege Fabian bei einem BBQ-Seminar zu einer ganz anderen Hauptspeise zubereitet. Für mich passt es wunderbar zur Gams und ich freue mich, dass ich das Rezept in leicht abgeänderter Form hier verwenden kann.

16 mittelgroße Shiitake Pilze
10 eingelegte schwarze Nüsse
2 TL Thymianblätter
½ TL Salz
½ TL Pfeffer
4 EL Walnüsse, geschält und grob gehackt
2 EL Butter
1 EL brauner Zucker

Die Pilze halbieren, die schwarzen Nüsse in Scheiben schneiden. Die Butter in der Wokpfanne erhitzen und die Walnüsse mit dem Zucker etwa 5 Minuten braten. Die Pilze und die schwarzen Nüsse untermengen. Nochmals etwa 5 Minuten unter ständigem Rühren garen. Mit Thymian, Salz und Pfeffer abschmecken.

DAS BESTE ZUM SCHLUSS

TOMS INGWERAPFEL

Es ist eines der ersten Desserts, die ich auf dem Grill zubereitet habe und nicht besonders aufwendig oder kompliziert. Als Zubehör zu Ihrem Grill benötigen Sie lediglich eine Grillplatte oder, falls Sie den Kugelgrill benutzen, eine große Wokpfanne.

4 Eier

400 g Mehl

200 g brauner Zucker

ca. 300 ml Milch

2 EL Butter

2 Äpfel, ohne Kerngehäuse, in feine Scheiben geschnitten

1 daumengroßes Stück Ingwer, gerieben

Die Eier mit dem Zucker, dem Mehl und der Milch verrühren. Die Butter auf die heiße Grillplatte geben und warten, bis sie heiß ist. Nun den Teig auf die heiße Butter leeren und stocken lassen. Dann mit zwei Spachteln oder flachen Holzkellen den Teig zerreißen und mehrmals wenden. Nach einigen Minuten die Äpfel und den Ingwer untermischen und mitgrillen. Das Ganze so lange drehen und wenden, bis der Teig durch ist – das dauert etwa 6–8 Minuten.

SCHEITERHAUFEN MIT SÜSSKARTOFFELN

Mal eine andere Art von Dessert mit Süßkartoffeln als Protagonisten. Österreichischer Klassiker meets Kartoffel aus Übersee. Und da die Kartoffel schon reichlich Süße mitbringt, kann der Zucker reduziert werden.

4 Äpfel, geschält, ohne Kerngehäuse und in ca. 5 mm dicke Scheiben geschnitten

3 Süßkartoffeln, geschält und in feine Scheiben geschnitten, maximal 1 mm dick

3 Brötchen, in ca. 5 mm dicke Scheiben geschnitten

1 l Milch

4 Eier

2 EL Zucker

etwas Butter

zusätzlich:

1 mittelgroße Aluschale oder eine niedrige Pfanne ohne Stiel

Die Pfanne mit Butter einfetten. Das Brot, die Apfelscheiben und die Kartoffelscheiben abwechselnd in die Pfanne schichten. Die Milch mit den Eiern und dem Zucker verquirlen und über die Masse schütten. Nun bei indirekter Hitze (200 °C) etwa 40 Minuten grillen.

ZWETSCHGENBUCHTELN AUS DEM DUTCH OVEN

Buchteln mal anders. Ich fülle die Buchteln, wenn sie als Nachtisch eines Wildessens serviert werden, immer mit Zwetschgenmarmelade. Ein wunderbarer Abschluss fürs Wildmenü.

700 g Kuchenmehl
1 ½ Päckchen Trockenhefe
75 g feiner Kristallzucker
1 Prise Salz
Mark einer Vanilleschote
300 ml warme Milch
2 Bio Eier
100 g Butter
300 g Zwetschgenmarmelade
2 EL Puderzucker

Aus dem Mehl, der Hefe, der Milch, dem Zucker, der Butter, den Eiern, dem Salz und dem Vanillemark einen weichen Teig kneten. Den Teig auf einer bemehlten Arbeitsfläche ca. 1 cm dick ausrollen. Nun mit einem Glas von ca. 7–8 cm Durchmesser runde Teigformen ausstechen. Einen Teelöffel Marmelade auf die Teigstücke setzen und diese verschließen. Die verschlossenen Teigstücke in einem Dutch Oven dicht aneinander platzieren und den Deckel auflegen. Nun unter dem Dutch Oven 6 und auf dem Deckel 10 glühende Kohlebriketts platzieren und die Buchteln ca. 30–40 Minuten backen. Vor dem Servieren mit Puderzucker bestreuen.

BESCHWIPSTER APFEL

3 Äpfel
6 EL brauner Zucker
5 EL Calvados
2 Becher Schafsjoghurt
1 Zitrone, Saft
2 EL Puderzucker
1 EL Minze, fein gehackt

Die Äpfel schälen und in 1 cm dicke Ringe schneiden. Das Kerngehäuse ausstechen. Mit etwas Zucker und dem Großteil des Calvados' ca. 2 Stunden marinieren. Anschließend auf dem Grill auf beiden Seiten scharf anbraten. Den Joghurt mit dem restlichen Calvados, dem Zitronensaft, der Minze und dem Puderzucker cremig verrühren. Die gegrillten Apfelscheiben auf einen Teller geben und die Joghurtmasse über die Äpfel ziehen.

GEGRILLTER KÜRBIS

1 kleiner Muskat-Kürbis
5 EL Whiskey
6 EL brauner Zucker

Den Kürbis in ca. 1 cm dicke Scheiben schneiden. Die Kerne sauber entfernen. In eine flache Schüssel geben und mit dem Whiskey übergießen. Mit Zucker bestreuen und ca. 2 Stunden wirken lassen.
Den Grill bei direkter Hitze auf etwa 250 °C vorheizen. Nun die Kürbisscheiben auf beiden Seiten etwa 5 Minuten grillen. Mit etwas Sahne und Fruchteis servieren,

STRUDELSACK-DUETT

8 EL Äpfel, fein gewürfelt
2 TL Rosinen
8 EL Haselnüsse, gerieben
8 EL Weintrauben, halbiert
4 EL Zucker
2 Blätter Strudelteig
4 Eier, verquirlt, zum Bestreichen
etwas Puderzucker

zusätzlich:
8 Stücke Küchenschnur, à ca. 10 cm

Die Äpfel mit den Rosinen, 4 EL geriebenen Haselnüssen und 2 EL Zucker in einer Schüssel vermischen. Die Weintraubenhälften mit 2 EL Zucker und 4 EL geriebenen Haselnüssen in einer anderen Schüssel vermischen. Nun die Strudelblätter in 8 gleich große Teile schneiden. Auf 4 Teilen die Apfelmasse auf den anderen 4 Stück die Traubenmasse verteilen. Die Enden hochklappen und mit der Schur zu einem Säckchen binden. Die Säckchen außen mit der Eimasse bestreichen. Bei indirekter Hitze von 200 °C bei geschossenem Deckel 25–30 Minuten backen. Vor dem Servieren mit Puderzucker bestreuen.

DESSERT | 197

VANILLEPOLENTA MIT BIRNENWÜRFELN

¾ l Milch

300 g Polenta

1 Vanilleschote

2 EL Butter

2 Birnen, geschält, ohne Kerngehäuse, in etwa 5 mm große Würfel geschnitten

3 EL Zucker

Die Milch in einem Dutch Oven in der Glut oder auf dem Seitenkocher erwärmen. Das Mark der Vanilleschote auskratzen und zusammen mit 2 EL Zucker zur Milch geben. Die Polenta in die warme Milch schütten und unter ständigem Rühren quellen lassen. In einem anderen, kleineren Dutch Oven die Butter mit der ausgekratzten Vanilleschote erwärmen. Zucker und Birnenwürfel dazugeben und etwa 10 Minuten unter ständigem Rühren weich garen. Aus der Polenta Nocken formen und zusammen mit den Birnenwürfel servieren.

DANKE!

Danken möchte ich meiner lieben Frau Claudia für die viele Inspiration und den Rückhalt, den ich von ihr bekomme. Meinen beiden Jungs Lukas und Elias, die oft auf mich verzichten müssen, wenn ich an Rezepten tüftle oder Grillseminare gebe. Meinem Team, allen voran Andi und Stefan von Toms Grillwerkstatt, die mich immer unterstützen und die für mich das beste Team überhaupt sind.

Meinen Partnern Appenzeller Alpenbitter, der Mohrenbrauerei Dornbirn, Monolith Grill, Napoleon Gourmet Grills für die Unterstützung bei Meisterschaften und Seminaren mit Sponsoring und Hardware.

Rupert „Rupi" Wegerbauer, Robert „Rob" Reinkemeyer und Efthimios „Ölflüsterer" Christakis für die vielen Gespräche, unsere Freundschaft und die geile Zeit, die wir beim gemeinsamen Grillen haben.

Christine, die auch bei meinem zweiten Buch die Projektleitung innehatte für ihre starken Nerven, ihre Geduld und für ihre Gabe, auch mein Nervenkostüm unter Anspannung zu halten.

Und natürlich allen anderen lieben Freunden aus der weiten Welt des Grillens und Genießens, mit denen ich mich austauschen kann, um immer wieder auch andere Sichtweisen von Gerichten, Tierhaltung und – speziell bei diesem Buch – auch zur Jagd zu bekommen.

Danken möchte ich auch allen Menschen, die meine Seminare besucht haben und die danach meine Ansichten über Qualität, Kreativität und Liebe zu den Lebensmitteln mit mir teilen.

Danke und Roast'n'Roll